कर्मवीर कर्मयोगी - गांधी

गंवरु प्रमोद (प्रमोद कुमार)

....

ISBN : 9798896101970

........................प्रथम संस्करण: नवंबर 2024

....

प्रकाशक : नोशन प्रेस, चेन्नई, भारत

Notion Press Media Pvt Ltd,
#7, Red Cross Road, Egmore, Chennai, Tamil Nadu 600008

Email ID: publish@notionpress.com, editor@notionpress.com, sales@notionpress.com

Phone Number: +91 44 46315631

....

Notion Press, Inc.
800, West El Camino Real #180,
California USA 94040

....

महात्मा गांधी के कुछ फोटोग्राफ़स

साभार : द स्टोरी ऑफ गांधी

क्रम-सूची

क्रम-सूची

क्रम-सूची

प्रस्तावना

अननुकृत अदब ...

कर्मयोगी तन से कमजोर होकर भी मन से मजबूत होते हैं. मन से मजबूत आदमी बुरे लोगों के बीच में रहकर भी अपने आपको सत्य के मार्ग से भटकने नहीं देता. मन से मजबूत व्यक्ति बुरी जगह/जगहों पर रहकर भी अपनी अच्छाई को नहीं छोड़ता है. गांधी जी मन से काफी मजबूत थे.

गांधी जी प्रज्ञा या बुद्धि के आकस्मिक स्फोट से नित्य बुरी व्यवस्था पर कुठाराघात करते थे. धरती से सारे भेदभाव का अंत करने के लिए वे दिनरात मेहनत करते थे. वे अहिंसा के पुजारी थे और सदैव भारत-गान ही गाया करते थे. विविध प्रकार के आलोचनाओं को झेलने के बावजूद वे अपने अहिंसात्मक विचार न छोड़े और अपने मन की मजबूती से सदा भास्वर अर्थात् दीप्तिमान होकर लोक-उन्नति परक कर्म में रत रहे. वैसे भी, 'भारत' मतलब जहाँ के लोग 'भा-स्वर' हों और केवल सत्कर्म में ही 'रत' हों. इसके सिवाय सारे मतलब और अर्थ बेअर्थ हैं.

जब कोई व्यक्ति अपने मन की जादुई कला को अहंकार से दूर रखता है तो वह बिलकुल सामान्य सा आदमी बन जाता है. दुनिया के विविध आकर्षण में कभी खोता नहीं है, दुनिया के दंतीली दिखावों के बीच में फंसकर रोता नहीं है, और दुनिया में अपनी तमन्नाओं को साधने के लिए भ्रम-बीज बोता नहीं है. जो सामान्य सा आदमी बनकर रहना पसंद करता है वह अच्छाई की खामोशी की धड़कन को भी सुन लेता है. गांधी जी दुनिया के

किसी भी कोने में खड़ी अच्छाई की खामोशी को भांप लेते थे, और उसकी धड़कन को भी आंक लेते थे.

जो व्यक्ति अपनी जिंदगी में असफल होता है वह सोचता है कि दुनिया का हर इंसान उससे आगे कभी नहीं निकल पाए. लेकिन जो व्यक्ति असली लोक नेता होता है वह सदैव दूसरों को, पूरी कौम को आगे बढ़ाने को सोचता है. जो खुद सफल होता है दूसरों को आगे बढ़ाने में कोई कोर-कसर नहीं छोड़ता है. ऐसे व्यक्ति को अपने लिए किसी प्रकार की सिदि्ध की चाहत नहीं होती है बल्कि पूरी दुनिया के लिए सिदि्ध की चाहत होती है. गांधी जी पूरी दुनिया के लोगों के लिए सिदि्ध की चाहत रखते थे.

तन से, धन से और पहुँच-पैरवी से बलशाली लोग असमर्थ लोगों को कुंद छुरी से हलाल करने में बड़े माहिर होते हैं. वे सिर्फ और सिर्फ धौंस दिखाकर अपना उल्लू सीधा करना जानते हैं. लोगों पर किसी भी प्रकार से हावी होने का गुर वे भलीभांति जानते हैं. वे अपनी शिकायत और अपने गुण का बखान इस प्रकार से करते हैं कि सामान्य जन के साथ-साथ ज्ञानी जन भी उनके झांसे में आ जाते हैं. गांधी जी मरते दम तक उन झाँसों का पर्दाफाश करते रहे.

किसी निर्बल की शिकायत सुनने वाले बहुत कम ही लोग होते हैं. यदि निर्बल व्यक्ति किसी प्रकार की शिकायत किसी सक्षम या सबल व्यक्ति से करता है तो उसे सही तरीके से नहीं सुना जाता है. कभी-कभार यदि सुन भी लिया जाता है तो उसपर कोई एक्शन नहीं लिया जाता है. यदि एक्शन ले भी लिया जाता है तो उसे अतिशीघ्र ठंढे बस्ते में डाल दिया जाता है.

इस दुनिया में, आखिर निर्बल अपनी फरियाद करे भी तो किससे करे. क्या हवा से करे? क्या आग से करे? क्या पानी से

करे? क्या ऊपर वाले से करे? प्रश्न तो कई सारे हैं. सारे प्रश्नों का समाधान 'फूट डालकर राज करने वाले में नहीं बल्कि सभी जनों को अंत-अंत तक जोड़कर रखने वाले फकीर किस्म के आदमी' में अवश्य मिल जाता है. गांधी जी तो नित्य अपने विचारों में मीनमेख निकालते थे ताकि किसी भी दशा में भेदभाव और फूट को टाला जा सके.

वैज्ञानिक सोच की दुनिया ठीक है लेकिन अंधी सोच के साथ चकाचौंध की दुनिया कतई ठीक नहीं है. चकाचौंध से भरी दुनिया में सभी सबल व्यक्ति की ही फरियाद सुनना पसंद करते हैं. बलशाली लोगों की बुरी बातें भी, हर जगह हर मंच पर, बड़े गौर से सुनी जाती हैं. किंतु, निर्बल या कमजोर लोगों की अच्छी बातें गौर से सुनने वाला कोई नहीं है. यदि कोई सुनने वाला भी है तो उसमें कोई न कोई दोष निकालकर, अंधी या ढुलमुल व्यवस्था के द्वारा, उसे फँसा दिया जाता है ताकि लोक या समाज को जोड़कर एक ही मंच पर खड़ा करने का साहस वह न कर सके .

कुरीतियाँ सम्मिश्रित सामाजिक एवं शासनिक व्यवस्था को तो हमेशा से निर्बल को ही सताने में मजा आता है. शाश्वत सच के रूप में बता दूँ कि इस दुनिया में कुछ कुंडकीलों के कारण बुरी व्यवस्थाएं येनकेन-प्रकारेन अच्छी व्यवस्थाओं पर हावी होने की कोशिश करती हैं. और जो कुंडकील नहीं हैं वे शरीर से कमजोर होते हुए भी बुरी नजर से दूर रहते हुए बुरी व्यवस्थाओं पर नित्यप्रति कुठाराघात करते हैं. इस प्रकार से, वे आत्मबल को भी मजबूती प्रदान करते हैं. गांधी जी शुद्ध अंत:करण से अपने-अपने कर्म में रत लोगों को आत्मबलशाली बनाना पसंद करते थे ताकि समाज और शासन में फैली बुरी व्यवस्थाएं ध्वस्त हो सके.

अब मैं यहां बता दूँ कि गांधीजी की कारयित्री प्रतिभा का स्पर्श पाकर भूले-बिसरे अनेक प्रतीक मेरे इस काव्य-संग्रह (कर्मयोगी

गांधी) में पुनर्जीवित हो उठे हैं. देश और समाज की कठिन चुनौतियों से मेरे विचार नित्य टकराते हैं; तभी, काव्य के माध्यम से मेरी चेतना नित नव संभावनाएं ढूंढती रहती हैं. देश और समाज की स्रोतस्विनी संस्कृति में मेरी प्रगाढ़ और अविचल आस्था है; तभी, मैं कविता के माध्यम से सदैव जीवन-मर्म की परतें उधेड़ता रहता हूँ.

गाँधी हमेशा कहा करते थे, "जो मुझमें विश्वास करता है उसका भला होना तय है और जो मेरे ऊपर भरोसा करता है उसकी जीत निश्चित है." उसी विश्वास और भरोसा को मैंने इस काव्य-पुस्तक में जगह-जगह उद्धरित करने का प्रयास किया है ताकि दुनिया में सच्चे दिल से कार्य करने वाले लोगों की उन्नति बेधड़क हो सके.

यद्यपि मेरे काव्य में बच्चों वाली स्निग्धता नहीं होती है. फिर भी, मैं विकासमान काव्य की कुंद राह में मार्मिक चोट करते रहता हूँ. वह भी ऐसा इसलिए कि मानव-मानव के बीच के भेदों की पहेली सुलझ जाए और धरती से सारी बुराइयों का अंत हो जाए.

जब कोई कवि किसी कविता में भाव सौंदर्य और नाद सौंदर्य डालकर निश्चिन्त हो जाए तो समझिए कि उसे समाज और देश की उन्नति से कोई लेना-देना नहीं है. भाव सौंदर्य और नाद सौंदर्य से कोई कविता खूबसूरत तो लगेगी लेकिन उसमें सांसारिक उन्नति अथवा लोक उन्नति की भावना नहीं होती.

किसी कवि की कविता में लय, गति, तुक, प्रवाह, बिंब, उपमान, दृश्य या अदृश्य प्रतीक और शिल्प सौंदर्य भरपूर है; पर, यदि उसमें नैतिक मूल्यों और विचारों की उदात्तता का अभाव है तो वह कविता लोक-गरिमा के विपरीत मानी जाएगी तथा लोकोत्थान में उसकी शून्य उपलब्धता रहेगी.

आलंकारिक और लच्छेदार कविता से सत्य, सुचिता, लोक-गरिमा, अहिंसा और अन्य मानवीय मूल्य की कल्पना कतई नहीं की जा सकती. कविता में यदि कोई कवि मानवीय मूल्य को डाल देता है तो समझिए कि वह कविता शाश्वत सौंदर्य से युक्त होगी. वैसी कविता किसी भी काल में, लोक उन्नति में अपना नैतिक योगदान करके, लोगों पर अपना प्रभाव बनाए रखेगी.

क्या अपने मन के भावों को बिना सांसारिक यथार्थ में पिरोये दुनिया के सामने उड़ेल देना कविता है? इस प्रश्न का सीधा सा उत्तर है- 'कतई नहीं.' यह कवि की भूल है कि मन के भावों को जैसे-तैसे अभिव्यक्त कर देना ही कविता है. इसे मन और हृदय की भूल के सिवाय और कुछ नहीं कहा जा सकता.

किसी सृजनकार द्वारा काव्य-सृजन के विशुद्ध एवं प्राणवान मर्म के भीतर झाँके बिना उसकी सार्वकालिक कसौटी विनिर्मित नहीं की जा सकती. मन के भावों को जब सार्वकालिक उपलब्धता की कसौटी पर कसकर अभिव्यक्त किया जाता है तब उसमें प्राणिमात्र की जिंदगी की संभानाएं दिखलाई पड़ती हैं. जिंदगी संभावनाएं तलाशती हैं. संभावनाएं अंधकूप में पैठकर संवेदनाएं तलाशती हैं. संभावना और संवेदना के मिलन से ही मानव-संस्कृति के नए सरोकारों को समझा जा सकता है. अतः केवल मन की संवेदना व्यक्त कर देने भर से कविता का सृजन नहीं होता है.

कविता के सृजन के लिए आम लोगों के सर्वांगीन सरोकारों को विश्लेषित करने पड़ते हैं. पुरातनपंथी किस्सागोइयों के बीच से निर्वासन के दंश झेलने पड़ते हैं. लोक-प्रचलित अवधारणाओं से अलग-थलग होना पड़ता है. तब जाकर किसी कवि से 'मलेच्छ मन व्यग्रता रहित' क्रांतिदर्शी कविता का सृजन हो पाता है. तब जाकर किसी कवि के अंतस से बिना सिर-पैर के शाइरी रहित निजेतर कविताएं अनुस्यूत हो पाती हैं.

शब्द को पिरोने की क्षमता जिसमें है वह कविता लिख लेता है. लेकिन आत्मा और हृदय से निकले भाव को जैसे-तैसे शब्द का रूप देकर कविता-सृजन नहीं किया जा सकता. जब किसी सृजन का एक-एक शब्द लोगों को आँसू गिराने पर मजबूर करे और लोगों का आँसू पोछे तब वह सृजन कविता कहलाती है.

अब्राहम गाउले ने ठीक ही कहा है- 'वड्र्स दैट वीप, एंड टियर्स दैट स्पीक' अर्थात् "शब्द वह है जो आँसू गिराए, और आँसू वह है जो बोले." जिस शब्द या शब्द-समहू के सृजन से लोग आँसू गिराने पर मजबूर हो जाए तो यह समझना चाहिए कि वह शब्द या शब्द-समूह संसार मे कुछ नया बदलाव लाएगा.

कुछ लोग व्यक्ति अपने शब्द द्वारा अपने मन की भड़ास निकालते हैं और उसे 'कविता' कह देते हैं. लेकिन वह कविता नहीं होती बल्कि फिल्मी भड़ास अथवा तड़क-भड़क होती है. शब्दों के माध्यम से भड़ास निकालने और तड़क-भड़क दिखाने से ही समाज में सारे भेदभाव उत्पन्न होना शुरू होता है. अपने विकास की चिंता न कर देश और समाज के विकास की चिंता करने वाले कवि का विचार बड़ा दिव्य है जिसे पहचानना सबके बस में नहीं है. केवल पारखी नजर वाले कर्मयोगी व्यक्ति और हृदय की अंतर्ध्वनियों को सुनने वाले व्यक्ति ही उसकी पहचान कर पाते हैं.

भीतर की सारी अंतर्ध्वनियां खुद-ब-खुद जागकर जब किसी कवि को जगत के तुमुल कोलाहल-कलह की ओर अग्रसर करे तब वह उस कवि से नव लोकांक्षापरक गीत, कविता का सृजन करवा कर ही दम लेती हैं. ऐसी कविताओं में कवि का भावनात्मक लगाव भी होता है और लोकोन्मुखी संभावनाएं भी. जिस कविता में केवल हृदय का भाव हो लेकिन लोकहित नहीं वह कविता नहीं हो सकती, बल्कि, केवल कवि-कामना की पूर्ति की अभिव्यक्ति

कही जाएगी.

संक्षिप्त में कहूँ तो कविता वह है जो हमें नाचने गाने झूमने पर मजबूर न करे. बल्कि लोक-गर्जना करने पर मजबूर करे और सत्यदृष्टि-सर्जना करने पर मजबूर करे.

आशा है, इसे पढ़कर आप लोक-गर्जना करें, देश और समाज मे कुछ नव सर्जना करें; तथा पूरे विश्व के लिए नवाकांक्षापरक संभावनाओं को तलाशें.

जय हिंद.... जय भारत...

~ गंवरु प्रमोद
दिनांक 02/10/2024

भूमिका

(1) ई इक्वल-टू एमसी स्क्वायर

भारत-धरा से जुड़े एक कर्मयोगी, फकीर सी मनोवृति रखने वाले, यशस्वी साहित्यकार गंवरु प्रमोद (प्रमोद कुमार) ने विश्व के महान कर्मयोगी राष्ट्रपिता महात्मा गांधी को समर्पित काव्य-संग्रह पुस्तक लिखा है। पूज्य बापू को समर्पित यह पुस्तक अतुलनीय श्रद्धांजलि अपने-आपमें अनूठी है।

आइंस्टीन से वैज्ञानिक, इन दोनों (युगपुरुष महात्मा गांधी एवं गंवरु प्रमोद) का काव्य-मिलन ही जगत के इतिहास में उतना ही अभूतपूर्व संयोग होगा जितना कि "परेड ऑफ द प्लैनेट्स"। ब्रह्माण्ड के छह ग्रहों, बृहस्पति, बुध, मंगल, शनि, यूरेनस और नेपच्यून, के एक सीधी गति में आ जाने की यह विशिष्ट घटना भी संभवतः इस मिलन के आगे छोटी होगी।

यह गौरतलब है कि यह एस्ट्रोनॉमिकल दृश्य इस नश्वर संसार को प्रत्यक्ष दृश्यांकन और धरती वासियों के सौभाग्य के लिए घटित होता है। क्या यह महज एक संभावना ही मानी जाये कि इस वर्ष, दुनिया के दो श्रेष्ठतम कर्मयोगियों (महात्मा गांधी और अल्बर्ट आइंस्टीन) के, कविता के माध्यम से, ऐतिहासिक मिलन और वार्तालाप को इतना अनुपम रूप दिया है साहित्यकार गंवरु प्रमोद ने।

भारत देश के बिहार राज्य के वैशाली जिले से ताल्लुकात रखने वाले, स्वनामधन्य लेखक प्रमोद कुमार (गंवरु प्रमोद) मेरी नजर में तीसरे सुदृढ कर्मयोगी हैं जिन्होंने इस पुस्तक को समस्त

विश्वबंधुओं के सामने लाने का पुण्यकर्म किया है।इसे ईश्वर प्रदत्त शुभ संकेत और कृपा ही समझी जा सकती है।

इस पुस्तक की आधार कविता (कर्मवीर कर्मयोगी - गांधी) में कवि का तात्पर्य आखिर आइंस्टीनिक कर्म से क्या ही हो सकता है!? इस लेखिका का ध्यान बरबस ही आइंस्टीन की "थ्योरी ऑफ रिलेटिविटी" की ओर जा रहा। आइंस्टीन के सिद्धांत "ई = एमसी स्क्वायर" ने इस संसार के विज्ञान का कायाकल्प ही कर डाला। उर्जा की कुल मात्रा कभी नहीं परिवर्तित होती। स्वरूप बदलकर भी वह हरेक दशा में एक समान रहती है। यह सच ही तो है। गांधीवादी कर्म भी तो यही संदेश देता है। निज उर्जा को सच्ची दिशा में खर्च करने की प्रेरणा देता है। उर्जा कभी चुकेगी नहीं। उसका व्यय अगर उचित स्थान पर नहीं हुआ तो उसका अनुचित प्रयोग अवश्यंभावी है। इस वैज्ञानिक दृष्टिकोण को अपनाकर ही तो गांधी महात्मा हो गये। एक लाठी और आधी धोती के बल पर कभी सूर्य अस्त न होने वाले साम्राज्य से भी लोहा ले लिया और विजय भी पाई।

इस काव्य-संग्रह पुस्तक के लेखक ने अपनी आधारमूल कविता में 'जिगजैगिक रहस्य' का जिक्र किया है। इसके अनेक मायने हैं। एक चिकित्सक होने के नाते अपनी दृष्टिभेद से निकल नहीं पाती हूँ। वैसे चिकित्सकीय दृष्टि भी एस्ट्रोनॉमिकल दृष्टि के समान तीव्र तीक्ष्ण हुआ करती हैं। चिकित्सा विज्ञान में "एसाइटिस" भी तो एक जिगजैगिक स्थिति है। यह शरीर की वह दशा है जब पेट में भिन्न-भिन्न रोगों के कारण पानी भर जाता है। सभी अंगो पर दवाब पड़ने लगता है। पानी निकालने की प्रक्रिया "टैपिंग" कहलाती है जिसमें कोई चिकित्सक सुई को 'जेड' अक्षर की तरह बनाते हुए, जिगजैगिक तरीके से, पेट में डालकर पानी निकालते हैं। इस रोग का डायग्नोसिस और कुछ निदान

इसी प्रकार से किया जाता है। पुस्तक के आधारमूल कविता में, आइंस्टीन का, जिगजैगिक रहस्य भी भलीभांति इस जीवन के अनेक संतापों के शमन का उपाय बता रहा है।

मर्म और कर्म की "क्वांटा" अर्थात् प्रचुर मात्रा में जिस व्यक्ति में पाया जायेगा, वही तो जग-कल्याण का लाइटहाउस कहलायेगा। कृष्ण का गीताज्ञान भी तो इसी गूढ़ रहस्य को युगों पहले से भारतभूमि को प्रकाशित करता हुआ मंगल-घोष कर रहा है।

नाभिकीय संलयन अर्थात् न्यूक्लियर फ्यूजन से बना नाभिक सदा द्रव्यमान में दोनों के सम्मिलित द्रव्यमान से कम होता है। बाकी द्रव्यमान उर्जा में बदल जाती है। गांधी भी तो इसी प्रकार कम द्रव्यमान का होकर उर्जा के असीम स्रोत बने।

भूमंडल को अपनी आभा से युग युगांतर तक जगमग करने वाले युगपुरुष के विषय में इस संसार के महानतम वैज्ञानिक के सुन्दर मुख, "अधरम् मधुरम्", से इससे उत्कृष्ट और यथोचित टिप्पणी भला और क्या ही हो सकती थी!

"फोटोनिक प्रकाश" से इस जगत के लिए महत्वपूर्ण प्रगतिपरक गति और विद्युतचुम्बकीय उर्जा प्राप्त होती है। इसकी गति-सी त्वरित चाल थी हमारे मोहनदास करमचंद गांधी की। तभी इस अधनंगे फकीर ने डांडी मार्च और नमक कानून जैसी ऐतिहासिक कृत्यों को अंजाम दे सकने की कुव्वत पाया।

ऐसे कर्मवीरों के कथ्यों का रोचक और पूर्ण वैज्ञानिक पद्य रचना कर गंवरु प्रमोद (प्रमोद कुमार) ने न सिर्फ अनेक पीढ़ियों तक यह कथा पहुचाने का मंगल कार्य किया है, अपितु विश्व के साहित्यिक जगत को भी कृतार्थ किया है।

सच्चे कर्म को अपने मनसा वाचा कर्मणा में उतारने वाले इस लेखक (गंवरु प्रमोद) को मेरी ओर से अशेष शुभकामना है।

मैं इस काव्य-संग्रह पुस्तक (कर्मवीर कर्मयोगी - गांधी) की सफलता की कामना करती हूँ।

- डॉ प्रियांकी

जमशेदपुर (झारखंड), भारत

(2) फोटोसिंथेटिकल स्रोत

विश्व के महान कर्मयोगी राष्ट्रपिता महात्मा गाँधी को समर्पित काव्य-संग्रह की मूलभूत कविता, 'कर्मवीर कर्मयोगी - गाँधी' के माध्यम से साहित्यकार गंवरु प्रमोद ने अद्वितीय प्रस्तुतिकरण देते हुए वैज्ञानिक, ऐतिहासिक एवं अत्यन्त रोचक तथ्य-चित्र, महात्मा गांधी जी के ऊपर, प्रस्तुत किया है।

'जमीन से जुड़ा रहता हूँ। आपकी ही बातें मैं कहता हूँ..' निश्चित रूप से महात्मा गाँधी के तरफ़ से दी गई यह उक्ति महान विभूति आइंस्टाइन के 'ई = एमसी स्क्वायर" सूत्र की ओर ईंगित करती है। इस सूत्र ने विश्व का वैज्ञानिक परिदृश्य ही बदल डाला। महात्मा गाँधी के मूलभूत सिद्धांत में भी 'ऊर्जा का क्षय नहीं होना' ही दृष्टिगत होता है। इसी आधार पर उन्होंने भारत के सामाजिक और राजनैतिक परिदृश्य को बदल डाला।

"वसुंधरा पर अवधूत हूँ,

परमेश्वर का मैं दूत हूँ,

जग को बाँधने वाला सूत हूँ,

कर्मशक्ति रखता अकूत हूँ,

समस्त विज्ञान मुझसे खिलता है;

आइंस्टिनिक कर्म मुझमें मिलता है"

कवि की इस अनुपम उक्ति के समर्थन में चंद शब्दों के माध्यम से आगे कुछ कहना चाहती हूँ। अलबर्ट आइंस्टाइन महात्मा गांधी और उनके अहिंसा के सिद्धांत के सबसे बड़े प्रशंसक थे। वे गांधी जी को धरती पर परमेश्वर का दूत भी मानते थे। उन्हें अहसास था कि आने वाली पीढ़ी विश्वास नहीं करेगी कि ऐसी शख्सियत ने कभी इस धरती पर चहलकदमी भी की होगी।

महात्मा गाँधी के सत्तरवें जन्मदिवस पर सन् 1939 में अलबर्ट आइंस्टाइन एक वक्तव्य जारी कर कहा था, जिसे मैं यहाँ उद्धृत कर रही हूँ, "अपने लोगों का एक नेता, किसी भी बाह्य ताकत के द्वारा असमर्थित, एक राजनीतिज्ञ जिसकी सफलता तकनीकी उपकरणों और कलाबाजी पर निर्भर नहीं हैं, बल्कि उसके व्यक्तित्व की विश्वसनीय क्षमता पर निर्भर है। एक विजयी योद्धा जिसने ताकत के इस्तेमाल से हमेशा नफरत की है, एक बुद्धिमान और विनम्र इंसान, जो सुलझी हुई और अटल बारंबारता के साथ काम करता है, जिसने अपनी सारी ऊर्जा को अपने लोगों के उत्थान में और उनके सर्वस्व की भलाई के लिए समर्पित कर दिया है, एक इंसान जिसने यूरोप की क्रूरतापूर्ण निर्दयता का साधारण मानव की गरिमा से डटकर सामना किया है, और इस तरह हमेशा उच्चता और उत्कृष्टता के साथ उभरा है। आने वाली पीढ़ी, बहुत संभव है कि यह बहुत मुश्किल से विश्वास करेगी कि इस तरह के किसी मांस और खून वाले ने कभी धरती पर चहलकदमी की होगी।"

ऐसा प्रतीत होता है कि महात्मा गांधी और अल्बर्ट आइंस्टाइन दोनों ही पृथ्वी पर ईश्वर के दूत के रूप में अवतरित हुए थे। एक ने अपने मूलभूत विचारों और कर्मों से, तो दूसरे ने अपने वैज्ञानिक क्षमताओं के आधार पर एक ही तथ्य को उपस्थापित

करके क्रियान्वित भी किया और साबित भी किया।

साहित्यकार गंवरु प्रमोद ने इन दोनों विभूतियों के मूलभूत सिद्धांतों की साम्यता को स्थापित करते हुए वार्तालाप की शैली में सुंदरतम वैज्ञानिक भाषा के माध्यम से अनुपम काव्य प्रस्तुत कर समस्त साहित्यिक जगत को कृतार्थ किया है।

"पतले तन के द्रव्यमान से,

संलयनिक ऊर्जा निकालते हैं:

फोटोनिक प्रकाश बिखेर कर,

मंगल शांति छत ढालते हैं.

आप एक टिड्डी का आदमी!

आप सचमुच हो नंगा फकीर.

कर्मयोगी गांधी बनकर,

जग में दिया खींच सत् लकीर.

जब तक धरती, सूरज-चाँद रहेगा,

गांधी! आप चमकते रहेंगे;

वैज्ञानिक प्रकृति के कण-कण,

युगों तक आपकी कहानी कहेंगे।"

एक टिड्डी के आदमी ने वाकई संलयनिक ऊर्जा निकाला और समस्त राष्ट्र.. जगत पर भी, अपने फ़ोटोनिक प्रकाश को बिखेर कर मंगल-शांति का छत ढालने में कामयाबी हासिल की.. जब तक सूरज -चाँद रहेगा, गाँधी चमकते रहेंगे और युगों तक उनकी कहानी कही जाएगी।

उपसंहार के रूप में कहना चाहती हूँ कि मुझे आशा ही नहीं बल्कि पूर्ण विश्वास है कि कालान्तर में गंवरु प्रमोद का यह काव्य-संग्रह मील का पत्थर साबित होगा। इसके माध्यम से कर्मयोगी महात्मा गाँधी के योग और कर्म को विसरित करती वर्तमान पीढ़ी सहित आने वाली पीढ़ी अपने अंदर इस कर्मयोगी

के सिद्धांतों को टटोलने का प्रयास करेगी।

इस साहित्यकार भाई, गंवरु प्रमोद, को अंतस की भित्तियों से अनंत शुभकामना, अशेष बधाई।

~ रंजना बरियार

राँची (झारखंड), भारत

पावती (स्वीकृति)

धन्यवाद ज्ञापन......

पेशे से चिकित्सा-शास्त्र की व्याख्याता तथा प्रसिद्ध साहित्यकार डॉ प्रियांकी ने इस पुस्तक ('कर्मवीर कर्मयोगी - गांधी') पर अपनी वैज्ञानिक दृष्टि डाली हैं. उन्हें दिल से सादर आभार. सेवानिवृत्त अधिकारी तथा प्रसिद्ध साहित्यकार श्रीमती रंजना बरियार ने इस पुस्तक पर अपनी फोटोसिंथेटिकल दृष्टि डाली हैं. उन्हें भी दिल से सादर आभार. मेरे विचार से किसी भी प्रकाशित होनेवाली पुस्तक के लिए ऐसे आशीर्वचनों को ही 'क्वेचिंग ऑफ दि टाउंट' तथा 'सर्मन ऑन दि माउंट' कहते हैं.

~गंवरु प्रमोद

दिनांक : 02 अक्टूबर 2024

आमुख

(1)

प्रार्थना

अष्टसिद्धि आरती
हे विघ्न-हर्ता! हे मंगल-कर्ता!
पूजा करूं जोड़कर कर.
है गणेश! हे शुभ गुण-खान!
सारे विघ्नों को लो तुम हर.
..

हे दुखहर्ता! हे सर्व सुखदाता!
शुभ गुण दो, दो मुझे सुमति.
सारी रिद्धियां, सिद्धियां देकर,
हटा दो अंतस् की कुमति.
..

है गजानन! हे चैन चतुरानन!
विद्या-बल दे विनय शुद्धि सहित.
कर्म करने की ऐसी शक्ति दे,
कि, रुकावटें हटाऊं बुद्धि सहित.
..

हे गण-नायक! हे मंगल-दायक!

भला-चंगा दुनिया को बनाये रख.

मैं भी इस जगा में भला-चंगा रहूं,

प्रस्थान करूं उत्तम स्वास्थ्य चख.

..

हे गणपति! हि शुभ्र शुचिपति!

बाधाएँ, विपत्तियाँ लो तुम हर.

जब भी अच्छी शुरुआत करूं मैं,

निष्कंटक बनाना मेरा सफर.

°•••••°

आरती (चौपाई)

कलम चले कृपा जिन्ह देवा।

विध्न-अंध हट आता रेवा॥

जब मन करै आपकी सेवा।

शांति आवै मिलै सुख मेवा॥

..

कृपा जिन जग सम्मान आवै।

उन्नति तन की अति लहराबै॥

तेज देकर जो जग घुमावै।

उन देवा से मु बुद्धि पावै॥

आये हैं शरण, हे गणेशा!

दूर कीजिये मेरि कलेशा॥

आमुख

जग में पिठायें शुभ सनेशा।
रहें देव! मोहि सँग हमेशा॥
रहें देव! ....
°•••••°

°

(2)

गांधी जी अपने-आपसे सदैव कहा करते थे कि सपनों को साकार करने के लिए अभावों में भी अपने विवेक को खोने न दें. इसी बात को मैं स्वयं पर आधृत करके आगे कुछ कहना चाहूँगा-

शांत मध्य रात्रि में,
कोमल कल्प काल छल रहा;
मुझे मन करता है रोने का,
पर, आँसू नहीं निकल रहा.
प्रसन्न आँखों की घुट्टियाँ,
इशारों-इशारों में कुछ कह गईं;
पर, सपनों की सौम्यता देख,
उदासियाँ ठगी सी रह गईं;
दिव्य स्मृतियों से आच्छादित,
मान मन का रह गया;
अचंभाएं प्रलय में नही बही,
पर, स्वप्न-ढेर बह गया.
प्रलय मचने के बावजूद,
वजूद अहं का हिला नहीं;
भंगिमाएं जस का तस रहीं,
विवेक-मर्म खिला नहीं.

वक्त आया ज्योंही कुछ करने का,
आंखें बंद हो गईं;
बिस्तर सिमटा, दया खिसकी,
खामोशियाँ मकरंद हो गईं.
ओ चितेरे! सृजन के,
जिज्ञासु विवेक तो रहने दो;
अंधेरे की शक्ति खा जाएगी,
मुझे कुछ तो कहने दो.
ओ अभावों की चाचियाँ!
गहन गर्द नींद में बोलने दो;
अपनी चतुराई की चाबी से,
ताबूत का ताला खोलने दो.
ओ रहम दिल वालों!
सुबह से पहले बेरहम बन गए;
विवेक दिखाने का वक्त आया तो,
दिखावटी पचरों में ठन गए.
सपने न छोड़ूंगा यमराजों के डर से,
ये तिरस्कार से न कुचले जाएंगे;
विवेक न मरेगा, बुद्धि यथावत रहेगी,
एकदिन मेरे स्वप्न सुफले जाएंगे.

°•••••°

खंड - एक : महात्मा गांधी के जीवन और कर्म से संबंधित

****

राम से प्रेम....

****

जग में सुंदर कार्य करने से,
अंग-अंग अंगड़ाते हैं;
सदा सत्कर्म करने वालों के,
श्रीराम स्वप्न में आते हैं.

जब सूरज को बादल घेरे,
पूरी दुनिया अखड़ती है;
तन्हाई अंधेरी जीवन सारे,
नष्ट हो जाया करती है.
धरा से रिश्ते जोड़ने वाले,
कभी नहीं धड़फड़ाते हैं;
सदा सत्कर्म करने वालों के,
श्रीराम स्वप्न में आते हैं.

राम के बिना मुझ गांधी का,
इस जग में अस्तित्व नहीं;
गांधी के हृदय में बसे हैं राम,

बिन उनके व्यक्तित्व नहीं.
मैं गांधी कर्मवीर हूँ जग का,
तभी दुनिया वाले हर्षाते हैं;
सदा सत्कर्म करने वालों के,
श्रीराम स्वप्न में आते हैं.

राम से प्रेम करने वाले,
अखिल जग उद्धार करते हैं;
भाईचारे और सद्भाव बढ़ाके,
दूर हर तकरार करते हैं.
इल्जामातों से परे हो जाने पे,
नभ-तारे नजरें गड़ाते हैं;
सदा सत्कर्म करने वालों के,
श्रीराम स्वप्न में आते हैं.

जग गमों की समझ-फिक्र से,
समाज से प्यार होता है;
जीवों के प्रति दयाभाव से,
उत्पन्न हृदय दुलार होता है.
तड़क-भड़क त्यागने वालों के,
नजरें, पलकें शर्माते हैं;
सदा सत्कर्म करने वालों के,
श्रीराम स्वप्न में आते हैं.

दुनिया से नजरें उठाने से,
हर रिश्ता तार-तार होता है;

इश्क जिया आगोश में होने से,
दिली इकरार होता है.
इधर-उधर न निहारने वालों के,
अंग-अंग फड़फड़ाते हैं;
सदा सत्कर्म करने वालों के,
श्रीराम स्वप्न में आते हैं.

मनमुटाव न करने वालों के ;
हर इल्म इजहार होते हैं;
इश्किया अंदाज उन्हीं में होते,
जिनमें नहीं रार होते हैं.
जिंदगी की तपिश में रहने से,
जग-टकराव लजाते हैं;
सदा सत्कर्म करने वालों के,
श्रीराम स्वप्न में आते हैं.

निश्छल प्रेम की गठरी,
जहान में जिनके पास है;
रिश्ते भी उन्हीं के सारे,
अलग हटके कुछ खास है.
मैं गाँधी करुँ राम से प्रेम,
तभी भ्रम सारे न भरमाते हैं;
सदा सत्कर्म करने वालों के,
श्रीराम स्वप्न में आते हैं.

मैं गांधी परख के चलता हूँ,
जग-प्रेम हवा के रूख को;
राम से प्रेम के कारण ही,
मैं त्यागता धरती के सुख को.
धरा-मानव के साँसों का,
मुझे बिलकुल एहसास है;
तभी तो जग में राम से प्रेम,
मेरे लिए कुछ खास है.

****

1. गांधी में बसा जग सारा है

सपने सारे अपने त्यागकर,
जग के सारे भ्रम से जागकर,
जिसने जन जागृति आधार दिया,
भारतवर्ष का सपना साकार किया,
उस महापुरुष को सुतन अर्पण है;
महात्मा गांधी को हृदय से नमन है.

..

कुत्सित कर्म को चित लिटाकर,
विश्व-पटल पर सत्कर्म फैलाकर,
जिसने अहिंसा पथ निर्माण किया,
भारतवर्ष का सत्य गुणगान किया,
उस महा मानव को मन अर्पण है;
महात्मा गांधी को हृदय से नमन है.

..

भगवद्गीता के कर्म में स्वयं को सनाकर,
भारत को वैश्विक आलोक-पुंज बनाकर,
जिसने क्रियाशील होना सबको सिखलाया,
धीर, वीर, गंभीर, शौर्यशील बन दिखलाया,
उस महापुरुष से नव प्रीत बंधन है;
महात्मा गांधी को हृदय से नमन है.

..

दो अक्टूबर 1869 ई. में जन्म लेकर,
गुजरात के पोरबंदर के सागर खेकर,
अपने कर्तव्य का नित जो भान रखा,
कथनी करनी को सदैव समान रखा,
उजास करता उस नर का वरण है;
महात्मा गांधी को हृदय से नमन है.

..

गांधी की माता कस्तूरबा थीं,
पिता करमचंद दास थे;
पोरबंदर के निरामिष परिवार में,
गांधी खासमखास थे.
उस खास युगपुरुष के लिए,
पूरी दुनिया बना जनधन है;
महात्मा गांधी को हृदय से नमन है.

..

वसुंधरा-पुत्र स्वयं को बनाकर,
कर्तव्य भू पे स्वयं को ठनाकर,
सामान्य जनों का जिसने गुणगान किया,
और अखिल संसार का कल्याण किया,
सच्चाई उसी नर का छूती चरण है;
महात्मा गांधी को हृदय से नमन है.

..

गांधी एक विचाधारा है,
गांधी का स्वप्न न्यारा है,
गांधी में बसा जग सारा है,
गांधी हम सबका सहारा है,

गंवरु प्रमोद (प्रमोद कुमार)

ऐसे नर विरले ही मिलते हैं,
जो सबके संग हो खिलते हैं,
गांधी-विचार इस जग का चमन है;
महात्मा गांधी को हृदय से नमन है.
°••••••°

2. मैं मोहनदास करमचंद गांधी हूँ

वंश-बांस जोड़ने में माहिर हूँ,
हृदय से बिलकुल ही ताहिर हूँ,
दूर दृष्टि धारणकर्ता गिद्ध हूँ,
टांग अड़ाने में नहीं सिद्ध हूँ,
कर्मशील कोल्हुओं की कांधी हूँ;
मैं मोहनदास करमचन्द गांधी हूँ.

. .

मुझसे डरेगा हर भ्रष्टाचार,
मुझमें समायेगा हर आचार,
काँपेगा हर गलत व्यवहार,
कोसों दूर रहेगा मुझसे तकरार,
जग-सफाई करनेवाला आंधी हूँ;
मैं मोहनदास करमचन्द गांधी हूँ.

. .

जग-जन को न भरमाता हूँ,
दुख-दर्द जन का भगाता हूँ,
जग-राह में रोड़े न अंटकाता हूँ,
टूटे पत्थर दिल को चटकाता हूँ,
धधकते सिंगबोंगा का जांधी हूँ;
मैं मोहनदास करमचन्द गांधी हूँ.

..

जगत लोक-भ्रम को सदैव हटाता हूँ,
निज कमियाँ मर्म-कुंड में लिटाता हूँ,
अपनी हद को कभी न लांघता हूँ,
परम पवित्र पेड़ुओं को जांघता हूँ,
तभी लोक गौरवगान में पांधी हूँ,
मैं मोहनदास करमचंद गांधी हूँ.

°••••••°

3. कर्मयोगी गांधी हूँ

जब महात्मा गांधी थे पहने अंगूछा,
तब अल्बर्ट आइंस्टिन ने उनसे पूछा,
"क्या आप शुद्ध हवा में चोखा हैं?
निज कर्म रखते क्या अनोखा हैं?
जीवन का रहस्य बता दें मुझे जरा;
क्योंकि विश्व मुझसे पूछने पे अड़ा."
..

"आइंस्टिन जी! सुनें मेरी राज,
रात और दिन मैं करता काज,
है आम जनों का मुझे लिहाज,
मैं खुद करता निज बर्तन माज,
है मुझमें समाया संसार सकल;
तभी होता हूँ कभी न मैं विकल.
..

जमीन से जुड़ा मैं रहता हूँ,
आपकी ही बातें कहता हूँ,
मैं तो हाड़मांस का टुकड़ा हूँ,
सच्चाई से कभी न मुकरा हूँ,
सांसारिक दिखावे से मैं कटता हूँ;
किसी की मदद से न पीछे हटता हूँ.
वसुंधरा पर अवधूत हूँ,
परमेश्वर का मैं दूत हूँ,

जग को बाँधने वाला सूत हूँ,
कर्मशक्ति रखता अकूत हूँ,
समस्त विज्ञान मुझसे खिलता है;
आइंस्टिनिक कर्म मुझमें मिलता है.

..

मैं लोक जीवन हरियाली हूँ,
दिल में न जलाता पराली हूँ,
लोक हँसी खिलते हैं मुझसे,
लोक खुशी मिलते हैं मुझसे,
बड़ी विभा डिस्कीय यांधी हूँ मैं;
कर्मयोगी गांधी हूँ मैं.

..

हैं मुझसे डरतीं सागर की लहरें,
थरथराती मुझसे जग सारी कहरें,
कहर बड़पाने वाले मुझसे डरते,
बातों पे मेरी प्रकृति-तत्व अड़ते,
विशुद्ध हवा आंधी हूँ मैं;
कर्मयोगी गांधी हूँ मैं. "

..

गांधी की बातें सुनके,
आइंस्टिन गद‌्गद हो जाते हैं;
अपने सुंदर मुख से,
जिगजैगिक रहस्य बताते हैं,
"जिसका मर्म क्वांटा, कर्म क्वांटा,
वह हृदय से वीर होता है;
वक्त-गति का ध्यान रखकर,
लोक स्थाई संबंध न खोता है.

आपके जैसे पुरुष कभी भी,
सुकर्म त्यागी न होते हैं;
जब तक भू पर जिंदा रहते,
जग-चकाचौंध में न खोते हैं.
पतले तन के द्रव्यमान से,
संलयनिक ऊर्जा निकालते हैं:
फोटोनिक प्रकाश बिखेर कर,
मंगल शांति छत ढालते हैं.
आप एक टिड्डी का आदमी!
आप सचमुच हो नंगा फकीर.
कर्मयोगी गांधी बनकर,
जग में दिया खींच सत् लकीर.
जब तक धरती, सूरज-चाँद रहेगा,
गांधी! आप चमकते रहेंगे;
वैज्ञानिक प्रकृति के कण-कण,
युगों तक आपकी कहानी कहेंगे."

°•••••°

4. मुझे नहीं चाहिए राज

नहीं चाहिए वसुधा का राज;
नहीं चाहिए मुझे सिर पर ताज.
बस सामान्य मनुज मुझे रहने दो;
सिर्फ सच्चाई जगत की कहने दो,

..

रूकावटें गर मग में आयेंगी;
मेरी मेहनत देख शरमायेंगी.
मुझमें नहीं कोई छल-कपट;
सत्ता से नहीं मुझे लाग-लपट.

..

मेरे कर्म में है विशिष्ट जुनून;
तभी बाधाएं हो जातीं न्यून.
मेरे मर्म में न उत्पन्नता मोच;
बौनी पड़ती जग सारी सोच.

..

मैं धरा नहीं बल्कि धुरमुस हूँ;
केवल कर्म कर्ता युगपुरुष हूँ.
मेरे समक्ष आलस दम तोड़ते हैं;
सारे दर्द मुझसे मुख मोड़ते हैं.

..

मेरा जुनून ही मेरे लिए काफी है;
विचार में अंतर्दृष्टि मेरी साफी है.

राष्ट्र-बखान में शब्द न्यून पड़ जाते हैं;
पीछे विश्व-विचार जुनून पड़ जाते हैं.

..

जग नर में मैं तो एक आणव हूँ;
नई दिशा दिखानेवाला मानव हूँ.
बस, नव भारत युग निर्माता हूँ;
हर किसी का सहोदर भ्राता हूँ.

..

तकलीफों के शीर्ष सेंधा चखता हूँ;
कथनी-करनी को समान रखता हूँ,
मैं तो मिट्टी के कण-कण में हूँ;
पूरी दुनिया की धड़कन में हूँ.

..

मैं सिर्फ सच में आस्था जताता हूँ;
नित कुछ अप्रतिम करके बताता हूँ.
फिर भी, मृत्युलोक में त्यागी हूँ;
भारत में जन्म लेके बड़भागी हूँ.

..

न तो सत्ता सुख-भोगी हूँ;
न तो बड़ा कोई योगी हूँ.
मैं महात्मा भी नहीं कहलाना चाहता;
भू पर, सिर्फ शांतिधर्म लाना चाहता.

..

मैं नहीं कोई तपस्वी हूँ;
बस, सामान्य मनस्वी हूँ.
संन्यासी-सिद्ध नहीं हूँ मैं;
कुदृष्टि वाला गिद्ध नहीं हूँ मैं.

..

मैं परम् पवित्र पावक हूँ;
भू-कर्म क्षेत्र में धावक हूँ.
लोक विघ्न छाँटने वाला हूँ;
औ खुशियाँ बाँटने वाला हूँ.

..

जन-जन में अटका साँस है;
सज्जनों पर मेरा विश्वास है.
सत संघर्ष में रमणीक हूँ;
निरंतर परिश्रम प्रतीक हूँ.

..

अथक मेहनत मैं करता हूँ;
विश्वजन का दुख हड़ता हूँ.
आलोचना से न कभी डरता हूँ;
सिर्फ सत्य अहिंसा पे मरता हूँ.

..

निज भ्रम नित्य भगाता हूँ;
दुख-दर्द को गले लगाता हूँ.
तकलीफें वसुधा का सहता हूँ;
मुख से कभी न उफ् कहता हूँ.

..

हूँ चढ़ता सिर्फ सत्यवचन मंच;
मुझमें नहीं है कोई छल-प्रपंच.
जंजीर में बंधके भी न रोता हूँ;
निज आपा कभी न खोता हूँ.

..

कर्म में मेरे नित्य बसा पीयूष;
हूँ लाता जन जीवन में प्रत्यूष.
कभी किसी को न तड़पाता हूँ;
इस जग में नव सवेरा लाता हूँ.

..

सूरज चाँद की तरह खिलूँगा;
जिधर खोजो मैं उधर मिलूँगा.
मुझे अपनी तरह से लहराने दो;
बुलंद भारत झंडा फहराने दो.

°••••••°

5. मैं न कभी खलता हूँ

मैं गांधी इस धरती लोक का,
जनता की पूजा करता हूँ;
अपने को जनता के निमित्त,
काल के सिर पे पैर धरता हूँ.
अग्रसर होते लोग जब,
मुझे आँखों से सुहाता है;
भृकुटि ताने काल भी तब,
मुझे देख शकुचाता है.

..

मेरे संघर्षों की शक्ति देख,
काल भ्रमित हो जाता है;
जन जीवन सन्नाटा लुप्त हो,
मेरे अंदर खो जाता है.
विश्व-जनों की भोली इच्छा,
अदम्य शक्ति मुझसे पाती है;
हर्षित और प्रफुल्लित होकर,
राष्ट्र-उत्थान पथ बताती है.

..

जनता की इच्छा सर्वोपरि है,
मैं कन्नी न जिससे काटता हूँ;
पथरीले पथ पर पांव बढ़ाकर,
दुःख-दर्द उनका छांटता हूँ.

लोक भ्रमों को दूर करने में,
कभी कदम न पीछे किया मैंने;
रार ठाना पर हार न माना,
नित कष्ट कदमों में जिया मैंने.
..
तकरार किया फिरंगियों से,
किंतु भोले जन में श्रद्धा जताया;
हर क्षण, हर पल, हर काल में,
अपने वचन पर अड़कर बताया.
तभी जगत में बड़े शान से,
मैं सर उठाकर चलता हूँ;
खलने वाले खलते रहेंगे,
पर, मैं न कभी खलता हूँ.
°•••••°

6. मैं कर्क नहीं, कर्कट हूँ

मैं कर्क नहीं, बल्कि कर्कट हूँ;
बल वीरों में हनुमान मर्कट हूँ.
छोटी-सी जगुप्सा नहीं मुझमें;
दिखावों में लिप्सा नहीं मुझमें.
दर्द में भी जगहित साधता हूँ;
एकसूत्र में जग को बांधता हूँ.

..

मैं बंध नहीं, प्रबंध हूँ;
वचनबद्धता अनुबंध हूँ.
वचन कर्म से एक हूँ
ज्ञानियों का विवेक हूँ.
चौड़ी छाती करके काँधता हूँ;
एकसूत्र में जग को बांधता हूँ.

..

बुरा विचार न मुझमें आता है;
मन मुझे कभी न भरमाता है.
पूरे विश्व के लिए मैं जीता हूँ;
आलोचना जहर घूंट पीता हूँ.
निज सीमा कभी न लांघता हूँ;
एकसूत्र में जग को बांधता हूँ.

..

जग-राजनीति का प्रेरणास्रोत हूँ;
अंतर की वीरता से ओत प्रोत हूँ.
सारे जीवों का सम्मान करता हूँ
शरणागत का कल्याण करता हूँ.
कर्म-कपि तीव्र गति घांधता हूँ
एकसूत्र में जग को बांधता हूँ.

. .

दुनिया को कभी न छला हूँ;
नित सच की राह पे चला हूँ.
सुप्त सोच में न गला हूँ;
आदमियों में मैं भला हूँ.
शौर्य औ वीरत्व को टाँधता हूँ
एकसूत्र में जग को बांधता हूँ.

. .

मुझमें नहीं है स्वार्थ कोई;
मुझ सम नहीं है पार्थ कोई.
सारी तदबीरें मुझमें हैं समाई;
हरता हूँ नित्येव मैं पीर पराई.
सत्य कदम गाड़ के जांघता हूँ;
एकसूत्र में जग को बांधता हूँ.

. .

दुर्जनों में निकालता मीन-मेख;
युग बदलता है हमारा कर्म देख.
मैं झूठ पर भृकुटि तानता हूँ;
सज्जनों को खूब मानता हूँ.
काल-चक्र देख न काँधता हूँ;
एकसूत्र में जग को बांधता हूँ.

..

युगधर्म को मैं बनाता हूँ;
पसीने की कमाई खाता हूँ.
मुझे देख मौन डगमग डोलता है;
गूंगा नर भी मेरे समक्ष बोलता है.
कुचलों को देख न सरांधता हूँ
एकसूत्र में जग को बाँधता हूँ.

..

जग सारा सत्य मुझमें लय है;
मुझसे दूर ही रहता प्रलय है.
निज वाणी धनुष जब उठाता हूँ;
सिर्फ सच्चाई सर पर बिठाता हूँ.
भारत के लिए मर्म राँधता हूँ;
एकसूत्र में जग को बाँधता हूँ.

°•••••°

7. मैं भारत का शान हूँ

मैं भारत देश का शान हूँ,
पूरी दुनिया का अभिमान हूँ,
तभी मुझसे जो टकराता है,
वह चकनाचूर हो जाता है,
अदम्य इच्छाशक्ति है मुझमें अपार;
क्रिया-कलाप में है मानव-व्यवहार.

..

मैं जगत का नैन हूँ,
लोगों का सुख चैन हूँ,
नैसर्गिक प्रतिभा का धनी हूँ,
युग चेतना मानक मनी हूँ,
अखिल जगत का हूँ मैं तारणहार;
क्रिया-कलाप में है मानव-व्यवहार.

..

सत्य उद्घाटन में मैं सुपर हूँ,
सारे भेदभाव से मैं ऊपर हूँ,
दुनिया से रखता हूँ अपनत्व,
मुझमें पलता जग सारा तत्व,
किसी चीज की मुझे न है दरकार;
क्रिया-कलाप में है मानव-व्यवहार.

..

नित आंतरिक परीक्षण करता हूँ,
जग तात्विक अन्वीक्षण करता हूँ,
रचनात्मक परंपरा अनुयायी हूँ,
विश्व में हर किसी का भाई हूँ,
मेरी कमियाँ भी नहीं होतीं दागदार;
क्रिया-कलाप में है मानव-व्यवहार.

..

पूरे विश्व का मैं सिरमौर हूँ,
संसार का तरीका-तौर हूँ,
सच्चों से मैं हारता हूँ,
बच्चों को मैं ताड़ता हूँ,
मैं हूँ सत्य अहिंसा का पालनहार;
क्रिया-कलाप में है मानव-व्यवहार.

°•••••°

8. बंजर जमीन निराता हूँ

जग सारी अच्छाइयाँ चूम-चूम,
सच-वृंत लाने के लिए घूम-घूम,
सुकर्मों में दिन-रात रत रहता हूँ,
निज दुख किसी से न कहता हूँ,
धता मौज-मस्तियों को बताता हूँ;
सत्कर्म-पता जग को बताता हूँ.

..

दिव्य वाणी इस जग में न खोती है,
कुटिल वाणी वैमनस्य बीज बोती है,
जिसने रहस्य दिव्य का जान लिया,
हर स्थिति में वह बढ़ना ठान लिया,
सुस्थिति की लता चतराता हूँ;
सत्कर्म-पता जग को बताता हूँ.

..

बैठे-बैठे न कभी कुछ मिलने को हैं,
उसे कौन रोकेगा जो खिलने को है?
इस जगत-प्रकृति का यह रहस्य है,
कि खिलनेवाला न रखे वैमनस्य है,
वैमनस्य से न कभी घबराता हूँ;
सत्कर्म-पता जग को बताता हूँ.

..

देश की शान बढ़ानेवाला कर्म करता हूँ,

लोगों की मान बढ़ानेवाला कर्म करता हूँ,
मेरे कर्म में न कोई दिखावा है,
शब्द-शब्द में मेरा मर्म-लावा है,
मर्म-लावा चहुँओर छितराता हूँ;
सत्कर्म-पता जग को बताता हूँ.

..

मेरा विचार न दकियानुसी है,
मेरी सोच बड़ी ही विदुषी है,
मेरी सोच में जिसने पैठा है,
कभी खाली नहीं वह बैठा है,
बंजर जमीन को भी निराता हूँ;
सत्कर्म-पता जग को बताता हूँ.

°••••°

9. कुविचार से दूर हूँ

पक्षियों में मैं पपीहा हूँ,
प्राणियों में मैं मसीहा हूँ,
जिसने भी मुझे पहचान लिया,
वह स्वाभिमानी होना ठान लिया,
आत्मगौरव से मैं भरपूर हूँ;
समस्त कुविचार से दूर हूँ.

बारिश-बूंद पीनेवाला तीतर हूँ,
जगत के हर मानव के भीतर हूँ,
है मुझे जिसने चाह लिया,
पर दुख को वह थाह लिया,
झूठी बातों के प्रति क्रूर हूँ;
समस्त कुविचार से दूर हूँ.

इस जग का अधनंगा फकीर हूँ,
सत्य-कलम से खींचता लकीर हूँ,
जिसने झूठ न कभी बोला है,
वह अहिंसा से न कभी डोला है,
मैं सार्थक सोच का जूर हूँ;
समस्त कुविचार से दूर हूँ.

होता न व्यथित व्यगर हूँ,

जग-दाँत द्रव्य का तगर हूँ,
मेरे शरण में जो आ जाता है,
अद्भुत शांति संदेश वह पाता है,
भू-दुख हरनेवाला शूर हूँ;
समस्त कुविचार से दूर हूँ.

निजी अभाव में न रोता हूँ,
धैर्य अपना नहीं खोता हूँ,
रुखा-सूखा जो मिले उसे खाता हूँ,
देह में शाकाहारी भोजन लाता हूँ,
जगत-लूरों में मैं लूर हूँ;
समस्त कुविचार से दूर हूँ.

मुझे सिरिफ सच सुहाता है,
झूठ न कभी मुझे लुभाता है,
आलोचना से न घबराता हूँ,
बेकार में नहीं बड़बड़ाता हूँ,
कभी न होता मखसूर हूँ;
समस्त कुविचार से दूर हूँ.
°•••••°

10. तुच्छता पाद न गहता हूँ

गाता हूँ मनुज-मेघ-मल्हार,
करता हूँ निज घमंड संहार,
स्वाभिमान जग में भरता हूँ,
दुविधा में नहीं अखड़ता हूँ,
मग में कठिनाइयाँ सहता हूँ,
पर, तुच्छता पाद न गहता हूँ.

..

बेकार के रश्मों को न निभाता हूँ,
नित कुछ अद्भुत करके बताता हूँ,
भूल से भी किसी को न सताता हूँ,
जगत के मानव भ्रम को हटाता हूँ,
पिछड़े मानव मन महता हूँ,
पर, तुच्छता पाद न गहता हूँ.

..

नित नैनों में चमक रखता हूँ,
जन-अश्रु जलधार चखता हूँ,
कम करता दुनिया की आहों को,
मजबूती देता कुचले की बाहों को,
मन से सत्प्रण को कहता हूँ,
पर, तुच्छता पाद न गहता हूँ.

..

नूतन-पुरातन में फर्क करता हूँ,
किसी का बेड़ा न गर्क करता हूँ,
जन दरिद्रता की दरारें पाटता हूँ,
निपट निरीहों के जाल काटता हूँ,
कोलाहलों में जीते रहता हूँ,
पर, तुच्छता पाद न गहता हूँ.

..

समता की सरिता लहराता हूँ,
बुलंद भारत-झंडा फहराता हूँ,
नित्येव जन आक्रोश मिटाता हूँ,
स्वयं को दर्द सूली पे लिटाता हूँ,
कुंदन मन से नित्य ढहता हूँ,
पर, तुच्छता पाद न गहता हूँ.

..

स्वयं को दिन-रात खटाता हूँ,
विषमता का तांडव हटाता हूँ,
जग आडंबर को भस्मसात करता हूँ,
मनुज के संताप को दिल से हरता हूँ,
भले ही, पुलिन पल थहता हूँ,
पर, तुच्छता पाद न गहता हूँ.

°••••••°

11. सारे इल्जाम अपने माथ

जाति, धर्म, वर्ग में बांटने वाले को,
नकार नकर के देखता हूँ.
हर होनहार के भविष्य बनाने को,
वर्ग-चश्मे कुतर के देखता हूँ.

..

संघर्ष करते-करते मर जाऊंगा,
किंतु, झूठ के सहारे नहीं जीऊंगा;
तभी, हसीन सपनों की पूर्ति के लिए,
मृत्यु से उबर के देखता हूँ.

..

मुझे कितना भी दुख दो, जगवालों!
पर, मैं हार नहीं मानने वाला;
हारने के लिए थोड़े ही जन्म लिया,
हार में भी मैं रत्न जड़ के देखता हूँ.

..

रत्न खचित सिंहासन जगत का,
मुझे प्रिय न रहा है;
फूल हूँ, कंटकाकीर्ण पथ पर भी,
झड़-झड़ के देखता हूँ.

,.

गांधी हूँ, यारों! मुझे समझना,
हर किसी के बस में नहीं;
अपना रोब बस चलाने वालों से,
लड़-लड़ के देखता हूँ.

..

वर्गवादियों के निजी विचार का तमगा,
हर सच्चाई से परे है;
तभी जग में हर तरह की अच्छाई को,
नैन भर भर के देखता हूँ.

..

सच के आगे सब कुछ फेल,
झूठ जीत दिलाकर भी सताता है;
तभी तो सदा सत्य पर टिकने को,
दर्द-गली से गुजर के देखता हूँ.

..

सरपरस्ती ही मेरी ठान है, यारों!
दूर रहता हूँ सारे मौकापरस्ती से;
तभी लोक व्यवस्था बनाने के लिए,
तन-मन रगड़ के देखता हूँ.

..

अनेकानेक कारणों से चारों ओर,
अंधेरगर्दी की लताएं चतर रहीं;
तभी जग घुप्प अंधेरों के बीच,
कुछ पल के लिए ठहर के देखता हूँ.

..

कसिन-ए-शऊर में ही,
मैं बन गया अधनंगा फकीर हूँ;

तभी तो नित रख कर कमर में,
धैर्य गजर के देखता हूँ.

..

कर्म मेरा मुत'अल्लिक रहेगा,
हर युग में और हर काल में;
सदैव सत्याग्रह के लिए,
स्वराज-पथ पकड़ के देखता हूँ.

..

जग में मेरा सबसे प्रिय स्थान तो,
तिक्त तप्तायन है, यारों!
मेरी तफरीह है ट्रस्टीशिप,
जिसे दिल भर भर के देखता हूँ.

..

स्वदेशी चीजें उपभोग हो,
उत्पाद भी पूर्ण स्वदेशी हो;
तभी धारदार मन बारीकी से,
नित उभर के देखता हूँ.

..

ग्राम-स्वराज से बढ़के नहीं कुछ,
गांव की उन्नति का मूल यह;
तभी जिद्दी और घमंडी जनों को,
अकड़-अकड़ के देखता हूँ.

..

कंटीले पथ पर ही सही,
है हिम्मत चलने की मुझमें;
तभी अपने दुखों के बीच भी,
कस कमर के देखता हूँ.

..

धरती के खुदा की रहमत में,
है कटती सारी सफर मेरी;
मेरी रहन नित ठीक रहे, सो,
जमीन में गड़ के देखता हूँ.

..

अपनी सारी इच्छाओं को,
नाचीज समझता हूँ, यारों!
तभी जग के धाँग-दौड़ में,
जन-जीवन पकड़ के देखता हूँ.

..

दुनिया की खराब हालत देख कर,
रहता हूँ करते मन मंथन;
तभी नित निजी विचारों को,
सुन्न, छिन्न-भिन्न कर के देखता हूँ.

..

संसार में सुवर्ण कमल सा,
हंसता खिलखिलाता है मेरा विचार;
तभी धड़फड़-धड़फड़ ही सही,
सदा शुद्ध कर्म कर के देखता हूँ.

..

ठाना है मैंने दुनिया को संवारना,
अपनी गिंजन की दशा में भी;
तभी तो तिलस्मी दुनिया की ओर,
मैं अड़-अड़ के देखता हूँ.

..

जन दुख-दर्द का गाहक,
संसार में बहुत कम ही लोग हैं;
तभी तो हरपल दुख-दर्द के बीच,
ठहर-ठहर के देखता हूँ.

..

मेरी मुलाजमत रहती है हमेशा,
सिरिफ लोक पीड़ाओं से;
तभी सांसारिक शिष्टाचार में,
रात-दिन मर-मर के देखता हूँ.

..

भले ही है नहीं मेरी बातों में,
खुशबूदार फूल सम खुशबूएं;
फिर भी, जंगी जहां की ओर,
लगा निजी हुनर के देखता हूँ.

..

है अडिग अविचल रहना सदैव,
मुझे सत्य-अहिंसा पथ पर;
तभी निजी अहंकार के शिखर से,
उतर-उतर के देखता हूँ.

..

कर्मयोगी गांधी हूँ, यारों!
सत्कर्म में ही लीन रहना है मुझे;
तभी आलोचना के सरोवर में,
नित्य तर-तर के देखता हूँ.

..

भले ही, मेरी चंद लम्हों की जिंदगी हो,
पर यह हो बड़े कमाल की;

तभी जन-तनाव कम करने के लिए,
हर बुराई से लड़ के देखता हूँ.

..

हाड़-मांस के टुकड़े की देह मेरी,
जगत-श्रम-अग्नि में तपी है;
तभी इस क्षणभंगुर देह से सदा,
मायावी रंग रगड़ के देखता हूँ.

..

जग के सारे कुत्सित कार्य को,
मुझे लाना है ठिकाने पर;
तभी तो फटे-पुराने कपड़े में ही,
मैं सज संवर के देखता हूँ.

..

अपने ही उसूलों पर मुझे तो,
सदैव टिके रहने की आदत है;
तभी अंतर्मन के सारे कोरों को,
कतर-कतर के देखता हूँ.

..

बशर हूँ चलता-फिरता जग में,
हश्र चाहे कुछ भी हो मेरे साथ;
नित समाज में अमन-चैन लाने को,
इरादे कर बजर के देखता हूँ.

..

कभी-कभार करता छोटी-सी रार,
केवल जहान को टिकाने को;
तभी तो ठोकरें खाने के लिए ही मैं,
नित दर-बदर के देखता हूँ.

..
कुछ तो अद्भुत करना है,
अच्छी-भली दुनिया बनाने के लिए;
तभी संसार के सारे इल्जाम,
अपने माथ धर के देखता हूँ.
°•••••°

12. कुटिल व्यवहार न रखता हूँ

रेगिस्तानी शजरों में मैं बबूल हूँ.
सुनसान पड़े सड़कों की धूल हूँ.
लोग कितनी भी तारीफ करे मेरी,
तब भी फूले न समाता फुजूल हूँ.
..

स्वभाव में मेरे विदकन नहीं है.
पथ पे भी कोई अड़चन नहीं है.
दंडवत होकर झुकता हूँ, तभी,
संसार से कोई अनबन नहीं है.
..

न तारों की तरह चमकता हूँ.
न सूर्य की तरह दमकता हूँ.
जन-जन की कठिनाई हताऊँ,
इसके लिए कुव्वत रखता हूँ.
..

समान हर्ष-विषाद में रहता हूँ.
कभी निजी दुःख न कहता हूँ.
निज हँसी को तिलांजलि देके,
जन-दुख निज माथ गहता हूँ.
..

मैं दीन नहीं, मैं हीन नहीं;
हर कार्य में मैं प्रवीण नहीं,
जुड़ा जमीं से नित रहता हूँ;
कुटिल व्यवहार न रखता हूँ.

°•••••°

13. पृथ्वी पर निरा मैं शून्य हूँ

न मैं लकीर का फकीर हूँ,
न ही कोई बड़ा शूरवीर हूँ,
कर्म से ही कमाता पुण्य हूँ,
पृथ्वी पर निरा मैं शून्य हूँ.

..

स्वप्न में ही सुप्त अंदाज हूँ,
अनुसरता न कोई रिवाज हूँ,
जग में केवल दोष रुन्य हूँ,
पृथ्वी पर निरा मैं शून्य हूँ.

..

कई जगह ठगा जाता हूँ,
निजीपना झूठलाता हूँ,
व्यथा व्यथित मैं कुन्य हूँ,
पृथ्वी पर निरा मैं शून्य हूँ.

..

हर जगह बजनेवाला ढोल हूँ,
बेजाड़ जड़ बना हुआ टोल हूँ,
हर ओर रौंदा गया झून्य हूँ,
पृथ्वी पर निरा मैं शून्य हूँ.

..

शून्य होकर सब सहता हूँ,
बहुत कुछ खोकर रहता हूँ,
तभी बना घूंसी घुन्य हूँ,
पृथ्वी पर निरा मैं शून्य हूँ.

..

जग में, बहुत कुछ आशा है,
मुझे तनिक भी न निराशा है,
मैं वाइब्रेटिंग हूटिंग हुन्य हूँ,
पृथ्वी पर निरा मैं शून्य हूँ.

..

मुझ गांधी में स्वच्छ सोच है,
मेरे किसी कर्म में न मोच है,
बातों से नहीं नकधुन्य हूँ,
पृथ्वी पर निरा मैं शून्य हूँ.

°•••••°

14. गुदड़ी के लाल

वे ही तो इस जग में, गुदड़ी के लाल होते हैं.
अभाव के बीच जिनके कर्म, कमाल होते हैं.

..

वे खाक समझेंगे किसी का दर्द,
जिन्हें प्रपंच ताल बजाने आता है;
किसी का कष्ट कहां दिखता उन्हें,
जिन्हें सिर्फ गाल बजाने आता है.
अपनी सोच में गंदगी रखते हैं जो,
उन्हें आईने में ही शर्माने आता है;
अरुण कोपल किए फिरते हैं जो,
सामने उनके जग जमाने आता है.
वक्त पकड़ने वालों के, वक्त कराल होते हैं;
वे ही तो इस जग में, गुदड़ी के लाल होते हैं.

..

अंतस उमंगें जब उठ मचलती,
हर कोई प्रेम जताता है.
वक्त की मार जिसपर पड़ी हो,
उसे हर इंसान सताता है.
चाहत की ताक में होने से,
देह की भीतियां ढह जाती हैं,
जज्बातें रौंद दी जाती हैं,
चहुँओर आशायें बह जाती हैं.

दृढ़ प्रतिज्ञ के हाथों में, बड़े मशाल होते हैं;
वे ही तो इस जग में, गुदड़ी के लाल होते हैं.

..

अभाव में देखनेवाले बहुत कम हैं,
सब पराये सा व्यवहार करते हैं,
सही सलामती की दुआ जो करता,
लोग उसका अपकार करते हैं.
वे क्या खाक समझेंगे दुनियादारी,
जो चकाचौंध की राह में चलते हैं.
छाती उनकी कमाल हुआ करती,
अभावों के निदाध में जो पलते हैं.
अभावग्रस्ती में भी, जिनके मर्म जाल होते हैं;
वे ही तो इस जग में, गुदड़ी के लाल होते हैं.

..

ठगते खूब हैं जो जहान को,
वे ऐशो-आराम किया करते हैं;
जिन्हें ऐश करना नहीं पसंद,
जग को बहुत कुछ दिया करते हैं,
जिनका रहता हृदय विशाल,
उनके लिए पूरी दुनिया परिवार है;
जो केवल हड़काना जानते हैं,
उनके हाथों में रहता तलवार है.
हर दर्द की समझ वाले,पीपल-छाल होते हैं;
वे ही तो इस जग में, गुदड़ी के लाल होते हैं.
°•••••°

15. सफल होकर बतला दो

असफल होने के बहाने अनेक हैं,
सफल होने को चाहिए हिम्मत.
झूठ-अग्नि की लपटें बहुत बड़ी हैं,
सच कहनेवाले करते कर्म-व्रत.
जग भ्रम विभ्रम में पड़े हुए को,
अमर प्रेम-बोल से सहला दो;
सत्कर्म करने से मलिन हुए को,
पावन गंगा-जल से नहला दो.

..

सच में अगर उन्नति करना है तो,
अच्छे कर्म-पथ पर रूको नहीं;
बढ़ना है तो इधर-उधर मत देखो,
झूठे जन के समक्ष झुको नहीं.
खुद की औ जग की सोचने वाले,
नित निज कर्म में हैं रहते रत;
असफल होने के बहाने अनेक हैं,
सफल होने को चाहिए हिम्मत.

..

शष्प पुष्प की मालाओं से,
श्लथ पड़ जाती हैं आशायें;
जिनके अंतस में सचमुच दम है,
बहा देते हैं वे प्रेम हवायें.

हौंक-हौंक मानव प्रेम हवायें,
ठंढकपन धरती पर ला दो;
रोड़ा राह में अटकाने वाले को,
सफल होकर बतला दो.
°••••••°

16. शक्तिशाली कहलाता हूँ

जग-सच्चाई शस्त्र लेकर,
कभी चुप न बैठता हूँ;
अनंत अहिंसा अस्त्र लेकर,
जन जलधि में पैठता हूँ.
विश्व शांति का वस्त्र लेकर,
बेचैनों को पहनाता हूँ;
दुबला-पतला नर होकर भी,
शक्तिशाली कहलाता हूँ.

..

बहरों में श्रवण-शक्ति देकर,
उन्हें धृति देते रहता हूँ;
गूंगों को आवाज देकर.
शान से बोलने को कहता हूँ.
चमचों को दूर रहकर,
अपने वचन को सहलाता हूँ;
तन से बलहीन होकर भी,
शक्तिशाली कहलाता हूँ.

..

झूठी शान जो भी दिखाता है,
उससे अति दूर रहता हूँ;
अहंकार तज कर जो जीते है,
उनसे उन्नति राज कहता हूँ.

मानव प्रेम से नजर जो चुराते हैं,
उनसे नित कतराता हूँ.
शरीर-शक्ति क्षीण होने पर भी,
शक्तिशाली कहलाता हूँ.

°•••••°

17. मैं बिलकुल नहीं मचला हूँ

अपना कर्म निष्ठा से करता हूँ,
समस्त जनों का दुख हरता हूँ,
बातों पर अपनी अटला हूँ,
मैं बिलकुल नहीं मचला हूँ.

..

कुछ कहते,अकल का पूरा हूँ,
क्योंकि उनके लिए, मैं बुरा हूँ,
कुछ की नजर में,उर्वर अचला हूँ,
मैं बिलकुल नहीं मचला हूँ.

..

मुझमें खोजो बहुत शान है,
मेरा तो अपना ही जहान है,
भले हाड़मांस से खचला हूँ,
मैं बिलकुल नहीं मचला हूँ.

..

मैं नहीं दुर्गुणों की खान हूँ,
हर अच्छाई का महाप्राण हूँ,
सज्जन-शक्ति का गचला हूँ,
मैं बिलकुल नहीं मचला हूँ.

..

छुपकर गलत न करता हूँ,
लोगों के कान न भरता हूँ,
जगत-नर में न बदचला,
मैं बिलकुल नहीं मचला हूँ.

..

मैं रहता हूँ नित्य सत्य-संग,
मेरा विचार न रहता बदरंग,
शुद्ध सोच से बनी चंचला हूँ,
मैं बिलकुल नहीं मचला हूँ.

..

अपनी गलती सदा मान लेता हूँ,
विशुद्ध कर्म करना ठान लेता हूँ,
हँसी-मजाक में ढचला हूँ,
मैं बिलकुल नहीं मचला हूँ.

..

हृदय से उमंग में रहता हूँ,
बातें निजी नहीं कहता हूँ,
न कुपथगामी, न गदला हूँ,
मैं बिलकुल नहीं मचला हूँ.

..

जग-दर्द में चौंकता रहता हूँ,
हर संकट का चरण गहता हूँ,
जगत ईर्ष्यालु न टकला हूँ,
मैं बिलकुल नहीं मचला हूँ.

..

मतंग-मस्ती में न चलता हूँ,
सज्जनों को न कुचलता हूँ,

कथन अपमान न बचला हूँ,
मैं बिलकुल नहीं मचला हूँ.
..
जग सच्चा कर्म मेरा रथ है,
मुझमें न अनकट्ठल कथ है,
जगत जज्बा में सचला हूँ,
मैं बिलकुल नहीं मचला हूँ.
..
कर्म की समिधा जलाता हूँ,
सर्वजन जीवन सुफलाता हूँ,
लोगों की थाह न कचला हूँ,
मैं बिलकुल नहीं मचला हूँ.
°•••••°

(मचला ~ हठी, ढचला ~ शून्य)

18. शोषण के विरुद्ध हूँ

शोषण औ अन्याय का मैं,
नित करता प्रतिकार;
समाज के प्रति गहरी संवेदना,
करता हूँ मैं धार।
नीति की पगडंडियों पर,
मेरे मुट्ठी न जाते भींच;
इतिहास के पन्नों पर,
अहिंसा-अक्षर दूँगा खींच।

..

हर अन्याय के फलक को,
मैं नित्येव सिकोरता हूँ;
शोषण के विरुद्ध हूँ मैं,
तभी गड़े मुद्दे को कोरता हूँ।
निकौनी करता हूँ मैं,
कर्म-दूर्वा के खेतों में;
डटा रहता हूँ मैं सदैव,
दुनियादारी के रेतों में।

..

मेरी मांगें पूरी होतीं,
सिरिफ अहिंसात्मक तरीकों से;
डरा न करती सोच मेरी,
जोड़-तोड़ के तकनीकों से।

जब तक जीऊंगा धरती पर,
बहाऊंगा अहिंसा-जलधार;
होंगे मेरी कथनी-करनी से,
वैचारिक जीर्णताएं तार-तार.

..

है भारत मेरा सबसे प्यारा,
मैं हूँ सिपाही देश का वीर;
सुकृति मेरी परम शिरोमणि,
न होता हूँ कभी अधीर.
सर्व सुलभ हूँ, भू पे नभ हूँ,
धीर गंभीर है मेरा स्वभाव;
सत्य-अहिंसा को छोड़कर,
किसी तत्त्व से न मेरा लगाव.

..

मैं हूँ मनस्वी, मैं हूँ तपस्वी,
हूँ किंचित भी न कामचोर;
गीता-ज्ञान के दीप जलाकर,
हूँ रोशन करता जग-छोर.
रहता नित अहिंसा-गंग-तीरे,
ढहाता हूँ जगत पाप-पुंज;
सत्कर्म से जग आलोकित कर,
निकालता सुस्वर अनुगूंज.

°•••••°

19. थोड़ा आप बदलो, थोड़ा बदलूं मैं...

मैं भी झूठा, आप भी झूठा
जग का गर्व-ताप भी झूठा,
कुंद रवैयों का बाप झूठा,
गुंद गवैयों का श्राप झूठा,
जी का है जंजाल झूठा,
चहुँओर का काल झूठा,
शब्दों का है फेर झूठा,
आधा अधूरा बेर झूठा,
हर पेटू का भात झूठा,
सांढ़ का पदाघात झूठा,
खुशबूदार पौध है झूठा,
गमकदार शौध है झूठा,
झूठी शान का आन झूठा,
गौरव गान का मान झूठा,
भगत का बखान झूठा,
जगत का मकान झूठा,
केले का कर्ण-छिलका झूठा,
मेले का स्वर्ण-तिलका झूठा,
हर आशा का प्राण झूठा,
तमाशा का दीवान झूठा,

गंवरु प्रमोद (प्रमोद कुमार)

लोक का दिखावा झूठा,
जोक का बढ़ावा झूठा,
गुनाहों का हर देव झूठा,
बादशाहों का फरेब झूठा,
जीवन का हर खोल झूठा,
दुख-पीवन का मोल झूठा,
जब तक झूठा रहोगे आप;
बकते रहोगे अनाप-शनाप.
झूठ का त्याग जब जघन्य होगा;
धरा का कण-कण तब धन्य होगा.
वसुधा का भाग्य कब फूटा है;
झूठा झूठा मिल जब लूटा है.
हर झूठा का डर की धमक है;
सत्य-शिखा गांधी की चमक है.
हर झूठा को देख-देख अकलूं मैं;
थोड़ा आप बदलो,थोड़ा बदलूं मैं.
°•••••°

20. सुन्न पड़ा अकेला था

लगा जाने जब इस धरा से तो,
सुन्न पड़ा अकेला था;
पर, था आया जब जहां में तो,
गाजे-बाजे का मेला था.

..

जब तक था इस वसुंधरा पर,
तो, मुझे सभी दुत्कार देते थे;
मोटी ख्वाहिशें सहेज-सहेज के,
सारी खुशियाँ हड़प लेते थे.
मेरे हाड़ मांस के टुकड़े पर,
सब आकर्षित हुआ करते थे;
अच्छाई मेरी मटियामेट करके,
टूटे दिल को छुआ करते थे.
दिखावों के कुचक्र के कारण,
गर्व झुंड का रेला था;
लगा जाने जब इस धरा से तो,
सुन्न पड़ा अकेला था.

..

झगड़ा झंझट के आंगन में,
औकात मुझे अखड़ता था;
जगत के कोलाहल बीच,
मैं सच बोलने को मरता था.

सच्चाई, अच्छाई के परदे में,
संवरण लोभ का करता था;
ईर्ष्या की गहराई में हरदम,
कदम बढ़ाने पर अड़ता था.
इच्छाओं के सुनहरे पलों में,
आ पड़ता भुखरे ढेला था;
लगा जाने जब इस धरा से तो,
सुन्न पड़ा अकेला था.

..

नयन नक्स से नक्षत्र उमड़ते,
जब मैं गीत गाता था;
ढोल नगाड़े बातों के बजते,
ढंग सबको लुभाता था.
चाल-चलन अनुशासित था,
फिर भी, लोग जलते थे;
पैसा पास यदि न होता तो,
परिवार समाज उबलते थे.
शानदार घर न होने के कारण,
समझा गया मैं गेला था;
लगा जाने जब इस धरा से तो,
सुन्न पड़ा अकेला था.

..

गांधी हूँ यारों! गांधी ही रहूँगा,
मेरा दर्द न बांटे कोय;
सब मेरी नादानियों पर ही,
आंखें फेर-फेर कर रोय.
रोना तो है किस्मत का खेल,

सब पीठ में छुरा भोंकते हैं;
दुनिया के मेले में भटक-भटक,
मेरे नैन में धूल झोंकते हैं.
नयनों की परिभाषा क्या!
अश्रु बदनसीबी का चेला था;
लगा जाने जब इस धरा से तो,
सुन्न पड़ा अकेला था.
°••••••°

21. भारत माँ को दिल में बसाता हूँ

दिल-मिलन ही मन का मिलन है,
तभी लोक दिल मिलाता हूँ.
समाज से नफरत मिटा-मिटा कर,
हर्ष-पुष्प बखूबी खिलाता हूँ.
भारत को समर्पित मेरा तन-मन,
रंगीन दिल-मिलन की आशा में;
जीता नित हूँ पूरे विश्व के लिए,
हर दिल धड़कन में खिलखिलाता हूँ
..

प्रेम की दौड़ में कमी न करता ,
आंखों में बेकार का नमी न करता;
तभी समासिक दिल की मुस्कान तले,
दुनिया की पहचान हिलाता हूँ.
खुशियों की माला मन में पहन कर,
भारत माँ को दिल में बसाता हूँ;
इस संसार में देश की श्रेष्ठता हेतु,
निज आलोचना में न बिलबिलाता हूँ.

22. सूरज की तरह खिलता रहूँगा

शबे-फिराक में भी, फटे स्वप्न सिलता ही रहूँगा
कोई मिले या न मिले, पर मैं तो मिलता ही रहूँगा
..

टूटे ख्वाबों की खूंट में, शबे-विसालें कहाँ जुड़तीं
मरने के बाद भी, मैं तो दिल से हिलता ही रहूँगा
..

उस रुतबे से क्या फायदा, जो मन को सनकाता रहे
कुछ मयस्सर हो या न हो, कर्म-मर्म छिलता ही रहूँगा
..

तकलीफ में जीते हुए भी, हँसना सीखा है, यारों!
जहान के भेद पाटने को, नित्य झिलता ही रहूँगा
..

शूद्र नर हूँ, पर, क्षुद्र सोच न पनपती कभी अंदर में
जहान के मेलों में गुम होके भी, मैं रिलता ही रहूँगा
..

गुल कर दो चराग सारे के सारे, मेरी जिंदगी से
फिर भी, सूरज की तरह सदा खिलता ही रहूँगा
°••••••°

खंड - दो : महात्मा गांधी के कर्म और विचारों से संबंधित

****

मैं गांधी तो संसार पुरुष हूँ,

हे राम! सुकर्म की शक्ति दे.

स्वपन मे भी मैं तुझे ही चाहता,

मुझे सत्पथ गमन की भक्ति दे.

****

23. सुलूक

सुलूक अपना ऐसा रखता कि,
सब जनों में आपसी मेल हो.
गाली-गलौज से दूर रहता,
ताकि कपटी लोगों में न खेल हो.
अली खान का चाँटा खाकर भी,
चुपचाप सह शर्मिंदा न होता;
तभी उस शर्मिंदगी से नित दूर हूँ,
मनुज-अहं जिसमें घालमेल हो.

..

सलूक अपना ऐसा रखता कि,
चाँटा खाकर कभी कर न उठाऊं.
लात-घूँसे की मार खाकर भी,
चुपचाप सहूँ,पर,कभी न शरमाऊं.
उन लोगों की परवाह नहीं गाँधी को,
जो चुगली लगाके हंसा करते;
भले ही गाली सुनूं और चांटे खाऊं,
किंतु सुलूक छोड़ कभी न घबराऊं.

..

दादा अब्दुल्लाह झावेरी के सह से,
हर मामले को मिनटों में सलटाऊं.
वैष्णव जन हूँ,अपने प्रण में मगन हूँ,
गोरों-कालों के भेद मैं बिलटाऊं.

एकदिन मुझे मरना ही है तो फिर,
सुलूक बिगाड़ के घुट-घुट क्यूँ जीऊं;
थप्पड़ खाके भी शान से जीऊँगा,
स्वयं को बेसुलूक सूली क्यूँ लिटाऊं.
..

टाल्सटॉय फार्म से नहीं बना बापू,
इनर टेम्पल से राष्ट्रपिता न बना.
सुलूक छोड़कर सत्याग्रह न किया,
तभी अपने वसूलों पर सदैव ठना.
कई दफे मार खाया, घूँसा खाया,
सुलूकों से इतर बिलबिलाया नहीं;
सही मायने में गर्व का गाँधी हूँ,
तभी अदृश्य-आशीष मुझपे खूब घना.
°•••••°

24. परिश्रम...

लगातार श्रम से सफलता मिलती है
सच की रोशनी से सिद्धि खिलती है
श्रम हमारा दुख दूर करने पर अड़ता है
पसीना हमें हर तरह से पवित्र करता है

..

श्रम से बढ़कर नहीं कुछ है भी जग में
श्रम से विजय पताका फहरता मग में
विचलित हुए बिन जो परिश्रम करता
जीवन में कभी वह आह नहीं भरता

..

परिश्रम करते हुए जो थकता नहीं
उलूल-जलूल कभी वह बकता नहीं
हर हाल में श्रम का फल मिलता है
परिश्रम से ही रोम-रोम खिलता है

..

जो आलस का तलवा चाटता है
वह परिश्रम से कन्नी काटता है
जिसने आलस छोड़ परिश्रम किया
वह धरती पर सीना तानकर जिया
संकल्प-कोश में न असंभव है
परिश्रम से सबकुछ संभव है

°......°

25. राष्ट्रवाद

राष्ट्रवाद में औद्भिज्ज ओज है;
राष्ट्रवाद में खैरख्वाह खोज है.
अंतर में उत्साह यह जगाता है;
उत्तम उन्नति की राह बताता है.
राष्ट्रप्रेम से करता यह ओतप्रोत है;
जीवनदायिनी सुरसरि का स्रोत हैं.
भलीभांति जिसने इसे पहचाना है;
जीवन में हार कभी न वह माना है.

..

राष्ट्रवाद के सामने, भारतीयों!
संसार के सारे 'वाद' हैं फेल;
ऊंच-नीच का भेद मिटाकर,
कराता है यह हर जन में मेल.
राष्ट्रवाद में न तो संकीर्णता है,
न स्वार्थ है और न ही अलगाव;
राष्ट्रवाद को समझा है जिसने,
चाहता वह केवल 'जन-जुड़ाव'.

..

राष्ट्रवाद है अनोखी अवधारणा,
है इसकी कुछ अलग पहचान;
जिसने इसको समझ लिया,
कभी न बेचता वह अपना ईमान.

ईमान जग में कोई वस्तु नहीं,
पनपाता नहीं है यह भेदभाव;
जिसने इसको ठीक से समझा,
वह न तो आव दिखावे, न ही ताव.

..

ऊँची जाति और ऊँचे वर्ग से,
तौला नहीं जाता राष्ट्रवाद को;
नीची जाति और नीचे वर्ग से,
खौला नहीं जाता राष्ट्रवाद को.
कुत्सित विचार को छोड़ा जिसने,
उसमें सोच न आती फसाद की;
जाति-वर्ग से जो ऊपर उठ गया,
समझ आती उसी में राष्ट्रवाद की.

..

राष्ट्रवाद के माध्यम से ही होगा,
हर मानसिक सुस्ती का समाधान;
समाजवाद भी है इसी में निहित,
इसी के द्वारा संभव नव विहान.
राष्ट्रवाद नाम पर मतभेद न करें,
न ही इसके नाम से करें फसाद;
जो लोग लाते उग्रता राष्ट्रवाद में,
उत्पन्नते वे इसकी देह में मवाद.

..

राष्ट्रवाद से होने लगता है,
हरेक व्यक्ति की चेतना उद्वेलित;
श्रद्धा बढ़ाके हर वर्ग के प्रति,
करता है यह जन-जन को प्रेरित.

अखिल जगत में भारतीयता फैले,
पिघले नहीं मानव-जोड़ की गाद.
भेदभाव सारे मिटे,राष्ट्रीय भावना जगे,
है यही गांधी का राष्ट्रवाद.

°•••••°

26. सर्वोदय

सोता नहीं फूलों की सेज पर.
पांव चलता शूलों की मेज पर.
पथ पथरीला अच्छा लगता है,
दाव है जन-जीवन रंगरेज पर.

मन न लगता उपवन में.
तन न लगता महकन में.
सर्वोदय है मेरा सबकुछ,
तभी न उड़ता हूँ गगन में.

तकलीफ सहूंगा जीवन भर.
अति विशिष्ट प्रण धर कर.
देके सत् संघर्ष को आमंत्रण,
लोकोत्थान करूंगा मर कर.

अपनी इच्छाएं दबाता हूँ.
जन के लिए गीत गाता हूँ.
सन्नाटे जीवन के चीरकर,

लोक दुःख भार हटाता हूँ.

पूँजी का गीत न गाता हूँ.
जनहित बांसुरी बजाता हूँ.
जंगल-झाड़ में घूम-घूम के,
लोक औषधि को लाता हूँ.

सर्वोदय ही है मेरा वंशी धुन,
सर्वोदय मेरे हृदय का सुन.
तेरे बिन सबकुछ सुना-सुना,
क्योंकि सर्वोदय मेरा जुनून.

सर्वोदय ही है मेरी उम्मीद.
सर्वोदय के लिए मेरी जिद.
छुपा सर्वोदय में अंत्योदय,
सर्वोदय की ईश से ताकीद.

सर्वोदय हेतु सीना ताने हूँ.
सर्वोदय हेतु गाता तराने हूँ.
निरख-निरख के उदय को,
मैं लोक उदय का माने हूँ.

सर्वोदय है मेरी परख.
सर्वोदय है मेरी निरख.
सर्वोदय है मेरी किस्मत,
बढ़ूं सर्वोदय आगे रख.

सर्वोदय है मेरे हृदय भाव.
सर्वोदय है जगत का ताव.
होता हूँ इसके लिए भावुक,
क्योंकि इसी से मेरा लगाव.
°••••••°

27. शिक्षा

शिक्षा-क्षेत्र में मैं जगत को,
आत्म-मूल्यांकन बताता हूँ;
शिक्षा को पैसों न तोलो,
आभास यही सबको कराता हूँ.
..
जिस दिन शिक्षा पैसों में बिकेंगी,
नैतिकता खत्म हो जाएगी;
बढ़ेगा भ्रष्टाचार लोक मानस में,
युवा पीढ़ी बर्बाद हो जाएगी.
..
व्यावसायिक शिक्षा वह है,
जो सबको व्यवसाय देती है;
व्यावसायिक शिक्षा वह नहीं,
जो जीना हराम कर देती है.
..
वैसी शिक्षा के क्या फायदे,
जो गरीबों के लिए दुर्लभ हो;
मैं गांधी यह चाहता हूँ कि,
सबके लिए शिक्षा सुलभ हो.
..
शिक्षा की वैसी व्यवस्था श्रेष्ठ,
जो करे सबको शिक्षित;

तभी विश्व पटल पर हमारी जनता,
बन पाएगी पूर्ण विकसित.

..

ऊंची शिक्षा देने के बहाने,
जब बड़े व्यवसायी जग लूटेंगे;
तब उस दिन पूरी दुनिया में,
सुख-शांति के भाग्य फूटेंगे.

..

शिक्षा की गहराइयाँ समझने को,
इसे सबके पहुँच की बना दो;
पूंजीपति के कर में शिक्षा न देके,
जन-जन को शिक्षा में सना दो.

°••••••°

28. सर्वशिक्षा

मैं गांधी अनाथों का पिता हूँ;
अनाथों की शिक्षा-सुभीता हूँ.
अनाथों से न मर्म का खात्मा है;
अनाथों में बसती मेरी आत्मा है.

..

जग-सच्चाई मैं पढ़ता हूँ;
अनाथों की राहें गढ़ता हूँ.
अनाथ बच्चे जग दीवान हैं;
बसा उनमें ईश्वर के प्राण हैं.

..

मेरे शब्दों में रहे जग जहान है;
मेरे कर्म में अचला अभिमान है.
जग में जो हैं अपूछ, हूँ उनके संग;
अनाथों की ठौर में, मेरी बढ़े उमंग.

..

मेरे रोम-रोम में बसे श्रीराम हैं.
मेरे मर्म-मर्म में अनाथ-नाम हैं.
जग के अनाथ बच्चे मेरी थाती हैं;
जिनके बिन न मेरी दीया-बाती हैं.

..

जग-सन्नाटे चीर कर मैं बोलता हूँ;
शुद्ध शांत स्वभाव रख डोलता हूँ.

जिन्हें कोई न पूछे, वे मेरी शान हैं;
अनाथ बच्चों में रौनक,मेरी रान हैं.

..

जगदर्द खंडहर में मैं डोल रहा हूँ;
दुनिया का रहस्य मैं खोल रहा हूँ.
जग बबंडर में दृढ़ता से अड़ा हूँ;
अनाथों के लिए अडिग खड़ा हूँ.

..

मैं दिखाता न कभी अधीरता हूँ;
अनाथो हेतु लैंप लिए फिरता हूँ.
माँ के अश्रु बने मेरी गान हैं;
अनाथ बच्चे मेरे भगवान हैं.

°••••••°

29. टॉपर

लगातार परिश्रम करते हैं जो,
वही तो टॉपर बनते हैं;
अयस्क गंधक गहन शोधन से,
शुद्ध कॉपर बनते हैं.

..

अलग हटके गर काम करोगे तो,
आलोचना झेलने पड़ेंगे;
जलधि की थाह गर लेना चाहते तो,
जलधि में हेलने पड़ेंगे.

..

असंभव नहीं है कुछ भी जग में,
गर संकल्प दृढ़ करते हो;
परम शांति मिलती तभी जग में,
जब जग का दुख हरते हो.

..

विद्युत-बल बढ़ाने-घटाने को,
सर्किट चॉपर बनते हैं;
लगातार परिश्रम करते हैं जो,
वही तो टॉपर बनते हैं.

..

हल्की-फुल्की बीमारी आने पर,
जो भी घबरा जाते हैं;

वही तो भरी जवानी में भी,
तन-मन से धड़फड़ा जाते हैं.

..

पहचानो, ओ युवा! अपने को,
तुम आदमी हो, कोई बंदर नहीं;
गर कुछ करने की तमन्ना तुझमें,
तो, घुसेगा आलस अंदर नहीं.

..

याद रख, कमी न निज ढूंढ़ने वाले,
जग में पॉपर बनते हैं
लगातार परिश्रम करते हैं जो,
वही तो टॉपर बनते हैं.

°•••••°

30. चरखा

हम सब अब चलाएं भारत में,
नव आकांक्षा परक चरखा.
क्योंकि, कठिन मेहनत के बाद,
हमने स्वाधीनता को परखा.

..

उन्हें कहाँ पता चरखे की कीमत,
जिन्हें गाल फुलाने आता है;
उन्हें भी कहाँ पता इसकी कीमत,
जिन्हें गाल बजाने आता है.
गर्व गालों की लालिमा देखके ही,
आती हरियाली रानी बरखा;
हम सब अब चलाएं भारत में,
नव आकांक्षा परक चरखा.

..

चमक-दमक चरखे में नहीं है,
चरखे में है सिर्फ सादापन;
चरखा जिसने क़ात लिया है,
वही जग में देता अपनापन.
जहाँ हरियाली घास की होती,
वहीं पाए जाते हैं गरखा;
हम सब अब चलाएं भारत में,
नव आकांक्षा परक चरखा.

गंवरु प्रमोद (प्रमोद कुमार)

..

वीर वही जो बतलाए नित,
व्यवहार अप्रतिम धमक से;
ओछे नर की राह बनती है,
सिर्फ दुनिया की चमक से.
चमक-दमक तजकर बढ़ें हम,
नाप लें उत्तुंग घाटी मरखा;
हम सब अब चलाएं भारत में,
नव आकांक्षा परक चरखा.

°••••••°

31. कल्याण

जिनसे भारत की पहचान बनी
जिनसे भारत की छवि-शान बनी
आइये, हम उनका बखान करें
पूरे जगत का हम कल्याण करें.

..

संघर्ष भी जिनसे कुछ सीखा था
अद्भुत अहिंसा कहानी लिखा था
आइये, उनके शौर्य का गान करें
पूरे जगत का हम कल्याण करें.

..

सत्याग्रह के आदर्श पर जो चले थे
असफलताओं पर हाथ न मले थे
आइये, अच्छाई उन्हें प्रतिदान करें
पूरे जगत का हम कल्याण करें.

..

जिनकी कर्मयात्रा ने हमें सिखाया है
सत्य-अहिंसा मंत्र हमसे लिखाया है
आइये, उनकी ओर सिर झुकान करें
पूरे जगत का हम कल्याण करें.

..

हर सिद्धांत भी जिनसे थरथराता था
संवेदन के आह्वान दर्शन लहराता था

गंवरु प्रमोद (प्रमोद कुमार)

उनके सिद्धांत से हम नव विहान करें
पूरे जगत का हम कल्याण करें.

°••••••°

32. अहिंसा (गीत)

बापू! तू था जगत में, अहिंसा का पुजारी
फिरंगियों की फिरंगियत, खत्म हुई सारी
तेरे सत्य के हथियार पर, मुग्ध थे मुरारी
संघर्ष में चलाया तूने, हिंसा रहित आरी
तेरे कारण देश को, डर-भय न हुआ है
अहिंसा की बदौलत, तूने जनमानस छुआ है
..

धरा पर सौम्य मूल्यों की, तूने ऊर्जा भरी थी
तभी देश-विदेश की जनता, तेरे पीछे खड़ी थी
जग की सारी संपत, तुझ शूर मार्ग में अड़ी थी
तेरे अंतिम सांस के वक्त, दुखमयी घड़ी थी
तुझसे स्वातंत्र्य-पथ, सौभाग्यशाली हुआ है
अहिंसा की बदौलत, तूने जनमानस छुआ है
..

बापू! तेरे कारण जग में, दया के मूल्य आए थे
सहिष्णुता आई थी, धैर्य भी खूब लुभाए थे
मजदूर किसान अमीर गरीब, हर्ष गीत गाए थे
हिंदू मुस्लिम सिख ईसाई, भाईचारा निभाए थे
तेरे सिद्धांत दर्शन से, पूरा जग अभय हुआ है
अहिंसा की बदौलत, तूने जनमानस छुआ है
..

तुझमें बसे वासुदेव थे, तुझमें बसे थे राम
भयाक्रांत लोगों को, तुझसे सधा था हर काम
तेरे निश्चय के सामने, कूटनीति गिरी धड़ाम
षडयंत्र सारा छंटा, कोई दाव न हुआ आम
तेरी दृढ़ता के कारण, संकल्प दुगुना हुआ है
अहिंसा की बदौलत, तूने जनमानस छुआ है
°•••••°

33. अहिंसा-पथ

जो-जो अपने फेरों में, दल-बल चले हैं;
अपने-अपने पथ पर, वे निकल चले हैं.

..

सिसकियां रोकने हेतु, प्रयास मैं किया जिनकी;
मुझे मझधार में ही छोड़कर, वे सब चल चले हैं.

..

हरकतें कायराना जिनकी, कभी बंद न हुईं;
वे तो अपनी ही मस्ती में, अब उबल चले हैं.

..

जिसकी मनिश ही है, बदनाम करने की;
उसकी चश्मों में, पूरी दुनिया खल चले हैं.

..

तल्खियां निज नजरों की, जो हटा न पाए थे;
वे कमेरा बनाकर जग को, खुद सुफल चले हैं.

..

वारे-न्यारे होते रहे, जो नित औरों के कर्मों पर;
वे सब के सब रख मुंह में, बड़ा कवल चले हैं.

..

स्थिति लज्जाजनक जो, बना दिए वसुधा की;
डोरे डाल-डाल के वे, अच्छाइयां निगल चले हैं.

..

हाथी पर बैठकर जो, मूंछों पर ताव फेरते रहे;
आज वही मेरे अहिंसा-पथ को, कुचल चले हैं.

..

तकरारें आसमां से नहीं, समां से हुआ करतीं;
दुविधा बीच पलनेवाले, तकरारें निगल चले हैं.

..

कोई रमें या न रमें, अच्छों की सआदत में;
पर, मेरा मन उनमें ही, रम निश्छल चले हैं.

..

कुछ बातें बेतअल्लुम, मैं कहता हूँ जगवालों!
मेरी मारफ़तों के संग, सब के सब भल चले हैं.

..

अहिंसा-पथ आसां है, अगर बढ़ने को जो ठाना;
मन मार के बैठने वाले तो, जग को छल चले हैं.

..

मल्लिकाएं मचलती कहाँ हैं, मन मवासों पर;
तभी तो दुनिया वाले, मन के तज मल चले हैं.

..

जंग जाँबाज लड़ा करते, सारी रूकावटें चीर कर;
भीरू तो सिर्फ दिखावों में ही, गटक गरल चले हैं.

..

हठी जंग न हुआ करती, हठी तूफान हुआ करता;
तू खुशकिस्मत है गांधी, कि सारे गोट गल चले हैं.

°••••••°

34. कर्मयोगी

राह में कठिनाई आने पर,
जो भी नर डर जाता है;
मृत्यु आने से पहले ही,
वह घुट-घुटके मर जाता है.
सुख-दुख से भरे जीवन पथ पे,
कुछ परेशानी गरल पिया करो;
घुट-घुटके मरना छोड़ दो भाई,
अच्छा काम करके जिया करो.
अच्छा काम करके नित जीने वाले,
कठिनाई को धता बताते हैं;
जहान में भूले-भटके लोगों को,
उसके गंतव्य का पता बताते हैं.
मृत्यु तो एकदिन आना निश्चित,
इससे कर्मयोगी नहीं घबराते हैं;
सदैव कुछ अच्छा काम करके,
वे मृत्यु के बाद भी मुस्कुराते हैं.

..

अपने पथ पर चलते हुए,
कभी इधर-उधर न झांका करो;
कांटे चुभेंगे, ठोकरें लगेंगे,
मन को थकान में न टांका करो.

फिर देखना अंदर की ज्वाला,
धधक-धधक जलने लगेगा;
साथ अपने दूसरों का जीवन भी,
जरूर सुफलने लगेगा.
जग में अच्छा काम करने के लिए,
पल-पल कर्मयोगी बनना होता है;
अपनी अच्छी बातों के साथ-साथ,
कुत्सित सोच पे भी ठनना होता है.
कुविचार को त्याग देने वाले,
जीवन में न कभी बड़बड़ाते हैं.
सदैव कुछ अच्छा काम करके,
वे मृत्यु के बाद भी मुस्कुराते हैं.

मानव रूप में जन्म लिया है, ओ नर!
अपना सत्कर्म अनंत करो;
कभी आह न भरो, निज राह में न डरो,
जग दुख-दानव का अंत करो.
गर पीड़ पहाड़ पर चढ़ ही गया तो,
दहाड़ मारके रोया न करो;
कंटीली झाड़ियों में राह ढूंढो,
बेकार की बातों में खोया न करो.
जो तकलीफ में उफ करते रहते,
उन्हें तकलीफें नेस्तनाबूत करतीं हैं;
जो सांसारिक पीड़ा सह लेते हैं,
उन्हें पीड़ायें ही मजबूत करतीं हैं.
जिंदगी की आपाधापी में भी,
जो निजी स्वार्थ को हड़काते हैं.

सदैव कुछ अच्छा काम करके,
वे मृत्यु के बाद भी मुस्कुराते हैं.

°•••••°

35. चंपारण सत्याग्रह

चंपारण की तीनकठिया प्रणाली,
नील-फैक्ट्री मालिकों की थी शान;
काश्तकारों पर दवाब डाल-डालके,
दिखलाते थे जबरदस्त गुमान.
सन 1867 बाद नील-फैक्ट्री मालिक,
लगे दिखाने अपना धूर्त स्वरूप;
खेतीहरों से अबवाब की वसूली करके,
रातों रात बनने लगे वे भूप.
बीस कट्ठे की जमीन पर तीन कट्ठे में,
नील-खेती थी जरूरी;
चाहें सारी इच्छायें काश्तकारों की,
क्यों न रह जाए अधूरी.
चंपारण सत्याग्रह सन 1917 का,
था प्रथम अहिंसक प्रतिरोध;
जिसके सहारे जताए थे गांधी जी,
अंग्रेजों के खिलाफ विरोध.
इस सत्याग्रह के सहारे ही,
साम्राज्यवादी ताकतें झुकी थीं;
उत्पीड़न का मुकाबला करने की,
ताकत जन-मन में रुकी थीं.
धन्य हुआ था बिहार की धरती,
धन्य हुए थे डॉ राजेंद्र प्रसाद;

जब गांधी इस जगह पधारे थे,
तो मिटा था कृषक का विषाद.
गांधी के चंपारण सत्याग्रह से,
अहिंसात्मक आंदोलन सूत्रपात हुआ;
न किसी के तन-मन को चोट पहुंचा,
न किसी पर आघात हुआ.
शताब्दी से चली आ रही,
तीनकठिया प्रथा का अंत हुआ;
महात्मा गांधी जी का गुणगान,
धरती पर दिग्दिगंत हुआ.
°•••••°

36. कन्यादान

एक बार महात्मा गांधी,
किसी कन्या की शादी में गए;
आमंत्रण तो उन्हें पहले से था,
सो, समय पर तैयार भए.
पूरी तैयारी के साथ,
आशीर्वाद का सामान लिए;
समय की नजाकत को,
अपनी सोच का प्रण दिए.
आशीर्वाद का झोला उठाकर,
चले पड़े विवाह-स्थल ओर;
क्योंकि उन्हें संभालना था,
विवाह मंडप की कर्म-कोर.
विवाह मंडल में पहुंचकर,
उन्होंने देखा वर-पक्ष-वार्तालाप;
ढ़ोल-बाजे की अनुगूंज बीच,
कर रहे थे अलाप-प्रलाप.
वर पक्ष और कन्या पक्ष फिर,
हुए मुखातिब सतफेरे में;
पंडित जी जल्दी पूजा कराए,
उन्हें जाना था निज डेरे में.
पंडित पूजा के अंतराल में,
अपना शंख धुन रहे थे;

गांधी पूरी तरह शांत होकर,
विवाह-मंत्र सुन रहे थे.
शादी की विधियां खत्म हुईं,
पूजा की रस्म का हुआ अंत;
बाराती, घराती, सराती,
वर-वधू को दिए आशीष अनंत.
अब, वधू के पिता को,
पंडित जी बोले 'कन्या-दान करें,
देवी देवता वर वधू के,
सदा-सदा के लिए दुख-दर्द हरें.'
पंडित जी की बातें सुनके,
गांधी जी थोड़ा सकुचाए;
'कन्या-दान क्या होता है!?'
मुख से कहते हुए अघाए.
भरी सभा के बीच में,
गांधी जी कुछ देर को शांत रहे;
बाराती, सराती और घराती,
प्रश्न के भ्रम में दिग्भ्रांत रहे.
शादी के मंडप में कुछ लोग,
आपस में बतिआए;
गांधी जी के तर्क पर,
खूब अघाए, खूब बरबराए.
गांधी जी की बात सुनने को,
लोग दिल थाम के बैठे रहे;
लेकिन वर पक्ष और वधू पक्ष,
मुट्ठी भींच-भींच ऐंठे रहे.
उस सभा में एक जवान लड़का,

दान-दहेज का धुर विरोधी था;
गांधी वचन सुनने को लालायित,
हालांकि, वह वर-प्रतिरोधी था.
मंडप की स्तब्धता के बीच,
निज सोच तीव्र तोले;
सभा की सन्नता तोड़ते हुए,
गांधी जी कुछ बोले.
'दान तो किसी वस्तु की होती है,
कन्या का दान कभी नहीं होता;
दान की वस्तु कन्या को जो समझे,
वह लोक-परलोक सब खोता.
कन्या-दान की रस्में निभाने को,
कुछ लोग जीवन खोते हैं;
कन्या-दान के रस्मों में खोकर,
कुछ लोग जीवन भर रोते हैं.
हटो, शादी-मंडप के चकाचौंधियों!
अपने पापों का शमन करो;
सच में यदि कन्यादान करना है तो,
दहेज दानव का दमन करो.'

°•••••°

37. होनहार

एक बार एक तंगहाल बच्चा,
गांधी जी के पास आता है;
आत्म-ग्लानि से मुंह भरकर,
अपनी आदत बुरी बताता है.
महात्मा उसकी बुरी आदत को,
अति दूर से ही भांप लेते हैं;
दागदार भड़कन ज्वाला को,
संदेशप्रद वचनों से ढांप देते हैं.
गांधी मन-आंधी का शमन करके,
शुभ्र शब्द सुशीर्ष ठान देते हैं;
हांफते हुए उस गरीब बच्चा को,
मुंह खोल आशीर्वाद-दान देते हैं;
"पश्चाताप की अग्नि में तड़प-तड़प,
आत्म-ग्लानि वारि को हड़प-हड़प,
जो जीवन भर नहीं अखड़ता है;
वही अलग अद्भुत कुछ करता है.
सबसे अलग हटके चलने वाले,
ठोकरें खा-खाकर सीखा करते हैं;
कष्ट की कोठरी में पलते हुए,
सदा स्वर्णिम इतिहास लिखा करते है.
जो डगर पर गिरने से न डरता है;
वही अलग अद्भुत कुछ करता है.

अलग इतिहास लिखने वाले,
इतिहास को नहीं दोहराते हैं;
देकर गति गर्त में पड़े हुए को,
जग-मन मौन को सोहराते हैं.
जो पंथ में गिरकर उठ पड़ता है;
वही अलग अद्भुत कुछ करता है.
दिखावे में ही मजा जिन्हें आता,
वे शायद निज शरीर खपाते हैं;
मयस्सर नहीं जिन्हें भरपेट भोजन,
वे ही देह को खूब तपाते हैं.
जो देह तपाकर आह न भरता है;
वही अलग अद्भुत कुछ करता है.
हसीन नजारों में पलने वाले,
हसीन शाम सिर्फ गुजारा करते हैं;
खंडहरों में रात गुजारने वाले,
दबे-कुचलों का सहारा करते हैं.
जो नित निजी तंगी से लड़ता है;
वही अलग अद्भुत कुछ करता है.
ओ देश के होनहार!
ओ सच सिंधु खेवनहार!
निजी तंगी में न घबराओ तुम
उपलब्धि में न बड़बड़ाओ तुम
दुनिया के अच्छे कार्मों में व्यस्त रहो
ईश्वर तेरे साथ रहेंगे, तुम मस्त रहो."
°•••••°

38. नया विहान

एक दिन एक नन्हा बालक,
आया महात्मा गांधी के पास;
रस आस्वाद की बुरी आदत,
छुराने को लिए कुछ आस.
पूछा वह महात्मा गांधी से,
'महात्मन! कैसे छोड़ूं चीनी खाना?
मीठी चीजें मुझे बहुत पसंद,
छोड़ इसे, कैसे बनूं जग-दीवाना?"
कुछ देर के लिए महात्मा सकुचाए,
हो पसीने से तर बतर देह नहलाए,
उघेरे तीन परत मन-बंदर,
सोचे खूब अंदर ही अंदर,
'मैं तो खुद चीनी खाता हूँ,
मीठे-मीठे गाल बजाता हूँ,
फिर, मैं कैसे बालक को समझाऊँ;
मन निज उसकी बात से बहलाऊँ!"
अपने आपको तोले,
मोहनदास गांधी बोले,
'नन्हे बालक! दो दिन बाद आओ,
प्रश्न का समाधान मुझसे ले जाओ."
गांधी पहले स्वयं को सुधारे,
कहने की सच हिम्मत न्यारे,

गंवरु प्रमोद (प्रमोद कुमार)

छोड़ दिए गांधी चाय पीना,
ओठ ठोड के बिन ही जीना,
चाय चीनी त्यागने से मन गरम हुए,
लेकिन गांधी के झूठ पंख नरम हुए.
नन्हा बालक तीसरे दिन आया,
अपने मन की हर बात बताया,
थोड़ा सकुचाया वह,
फिर भी, बताया वह,
'चीनी के रूप देख मोहित होता हूँ,
चीनी-रस के बिना न सोहित होता हूँ.'
इसे सुन, निज मुंह खोले,
महात्मा गांधी उससे बोले,
'झूठी शान कभी नहीं दिखाओ तुम,
झूठ से दुनिया को न भरमाओ तुम,
कल तक मैं खुद चीनी खाता था,
बावजूद इसके शेखी बताता था,
उपदेश देने से पहले
खुद अमल करता हूँ,
मैं धरती का गांधी,
कभी झूठ पर न मरता हूँ,
सुनो ओ बालक! देश के होनहार,
झूठ को तजो, फिर मनाओ त्योहार,
रूप, रस, शब्द, गंध और स्पर्श का
सदैव करो प्रहाण;
फिर देखना, होगा तुम्हारे जीवन में,
अद्भुत नया विहान.'
°•••••°

39. जन आह्वान

चहुँओर उल्टी गंगा बहते देख,
गांधी जी कुपित होते हैं;
दिव्य विचारों के धुन में अपने,
दिल से बोल-बोल खोते हैं.
सुनो, ओ गोरे! सताने वालों!
सुनो मेरा हुंकार;
देश की जनता जाग उठी,
वह रही तुझे ललकार.
तेरी हिंसा देख-देख,
जन सत्याग्रह टकरायेंगे;
तेरा पैर भारत-भू पर,
पक्का डगमगायेंगे.
संभलो ओ फूट डालने वालों!
मत डालो जन में फूट;
नहीं तो, भोली जनता तुमको,
अहिंसा से देगी कूट.
संभलो ओ गोरी सोच वालों!
अहंकार अपना लो लूट;
कोट उतारो झूठे गर्व का,
नहीं तो, कमर जाएगी टूट.
अंग्रेजों! अंग्रेजियत छोड़ो तुम,
सुधर जाओ धरती पर;

गंवरु प्रमोद (प्रमोद कुमार)

नहीं तो, तुझे साँस न मिलेगी,
किसी जगह, परती पर.
उल्टी-सीधी हरकतें छोड़ो,
सत्य-तीर से बचाओ प्राण;
जनता चाह रही है रामराज्य,
सुन लो जन आह्वान.
°•••••°

40. नमक सत्याग्रह

मैं गांधी अति दृढ़ प्रतिज्ञ,
निजी जुनून घोरूँगा;
सत्य-अहिंसा हथियार से,
नमक कानून तोड़ूँगा.
प्रेम-भाईचारे से बढ़के नहीं कुछ,
है इसी में विश्व कल्याण;
मानवता ही है जग-परमसुख,
तभी फूंकूँ इसमें मैं प्राण.
नमक के लिए किसी बहकावे में,
मत खेलो नूरा-कुश्ती का खेल;
मेरी जान जहां में है जब तक,
नित बनाए रखूंगा आपस में मेल.
देश का नमक खाना है तो,
नमक बनाना लो खुद से सीख;
नमक के लिए लड़ो मत आपस में,
मत मांगों अंग्रेजों से भीख.
देश के नमक का हक अदा करने को,
बढ़ो दांडी के तट पर;
नमक कानून को तोड़ने के लिए,
सत्याग्रह करो निज लट पर.

°••••••°

41. स्वदेशी

वसुधा पर थमनी चाहिए, धूल सनी हवाएं;
बदलनी चाहिए देश में, हर चीज की दिशाएँ.
गर छाँटना है कुहासा, लोगों के धुंधले मन से;
कुचली सुप्त सोच को, होगा लगाना वचन से.
दामों के हेरफेर से, विदेशी सामग्री आई है;
घरेलू चीजों के रूआँसे, चारो ओर छाई है.
देश की समग्रियों को, कमोबेशी लाओ भाई;
जागो ओ मेरे भरतजन! स्वदेशी लाओ भाई.

..

कुछ लोग विदेशी साज में, मुंह फुला रहे हैं;
तन तेज तिमिर में खोकर, मन झुला रहे हैं.
खुदा! मेरी पुकार सुन, दृश्य दीप्ति बढ़ा दे;
हृदय में अमृत डालकर, तू हर्ष घूंट चढ़ा दे.
देश, समाज हित को, नजरअंदाज मत कर;
स्वदेशी के लिए तू, हमें विदेशी से विरत कर.
युवा और वृद्ध मिल उठो, केशी लाओ भाई;
जागो ओ हिंदुस्तानियों! स्वदेशी लाओ भाई.

..

घर सजाने को खुदा से, बहार मांग लो;
उठी हुई जवानियों का, श्रृंगार मांग लो.
जवां बेचैन न हों, वृद्धजन भी तजें बेचैनी;
इकट्ठे सब मिलकर, लाएं होशियारी कैनी.

समुद्र तो अथाह है, बदलो किश्ती का रुख;
मँझदार में भँवर बीच, पाओ अद्वितीय सुख.
चमकाने को देस-भाग्य, नकेशी लाओ भाई;
जागो ओ भारतवासियों! स्वदेशी लाओ भाई.

°•••••°

42. भारत गीत

अव्यक्त संयम में बंध करके,
जगत-कल्याण गीत गा दो;
भारत-भू पर अडिग रहके,
कष्ट में भी, भारत गीत सुना दो.

..

दीर्घ दुख के अतिरेक को,
जग में सबसे छुपाओ;
मन जब विचलित हो तो,
उसे गंगा जल में घुमाओ.
अपने हृदय के भाव उद्रेक में,
कुछ दर्द सुई चुभाओ;
जग का आर्त क्रंदन देख,
निज पल को खूब लुभाओ.
साधना-सिद्धि बीच बिन फंसे,
कष्ट झूले में मन झूला दो;
भारत-भू पर अडिग रहके,
कष्ट में भी, भारत गीत सुना दो.

..

सच का उपयुक्त चित्रण करके,
इस संसार में सदैव बढ़ो;
बिन घबराए कंटकाकीर्ण मग से,
अपने-अपने शिखर चढ़ो.

उलाहने सुनके कभी मत डरो,
जीर्ण जीवन में जोश गढ़ो;
अन्न-जल के अभाव में भी,
अपने मस्ती-मद में होश मढ़ो
तिलांजलि पूर्ण यातना-अग्नि में,
रात-दिन खुद को तपा दो;
भारत-भू पर अडिग रहके,
कष्ट में भी, भारत गीत सुना दो.

..

देशवासियों! सत्य आबाद रख,
दूर सच से सारा प्रमाद रख,
मानव-मानव बीच न विवाद रख,
झूठ-सच के बीच न संवाद रख,
दुखमयी जिंदगी रूप की,
अनुभूति भासित बातें बता दो;
भारत-भू पर अडिग रहके,
कष्ट में भी, भारत गीत सुना दो.

..

होके बलिष्णु बयाबानों से,
सुनसान राह में अकेले बढ़ो;
अपने कुत्सित कर्मों की किताबें,
सबके सामने खोल पढ़ो.
तभी दबी कुंठाओं में भी,
चुभन-सपने देख हकलाओगे;
अपनी नाकामियों को छुपाके,
चुपके-चुपके न बड़बड़ाओगे.
नाकामियों को धकेल-धकेल के,

सच की गहराई में गिरा दो;
भारत-भू पर अडिग रहके,
कष्ट में भी, भारत गीत सुना दो.

..

दूर होकर चलो सदा,
इस जहां के बुजगीरों से;
कोशिश करो कि दूर रहो,
हर इल्जामात तीरों से.
भगवान भरोसे तो कभी न बैठो,
बचो झूठ के वीरों से;
खुश रहो अपनी इला इर्साल से,
सावधान रहो अधीरों से.
अपनी तकदीर पे सिर पीट कर,
उफ करके न बकझका दो;
भारत-भू पर अडिग रहके,
कष्ट में भी, भारत गीत सुना दो.

..

राम के जैसा कर्म करने से,
करम नहीं फूट जाता है;
केवल निजी हक माँगने से,
प्रेम का बंध टूट जाता है.
झूठे आंसू बहाने वाले,
अपने करनी पर लूट जाता है;
पर, जग सारे कष्ट सह बढ़ने वाले,
कभी नहीं झुंझलाता है.
खुदा के इश्फाकों से लैस है जहां,
जहां में सबको जगा दो;

भारत-भू पर अडिग रहके,
कष्ट में भी, भारत गीत सुना दो.

..

समग्र कला में निष्णात नहीं,
फिर भी, अभिव्यक्ति कर दो;
आत्म-प्रेक्षण की बदौलत,
जग के रग-रग में शक्ति भर दो.
जग के अंतद्वंद्वों से जूझते हुए,
किंचित नहीं छटपटाओ;
विचार-विधा चतुर्दिक् अनुगूंज में,
कभी नहीं बकबकाओ.
अनुरक्ति रखकर सर्वशक्तिमान में,
स्वयं को प्रेम में पगा दो.
भारत-भू पर अडिग रहके,
कष्ट में भी, भारत गीत सुना दो.

°●●●●●°

43. तिरंगा

किसी के कोई सहारे बिन,
जिंदगी के जद्दोजहद से लड़ो;
बेधड़क होकर शिखर चढ़ो,
दुख में किंचित आहें मत भरो.
डगमगाते कदम को संभालो,
बैठो नहीं, दम भी न धरो;
गर तिरंगे की तरह लहराना है,
तो, दिन-रात परिश्रम करो.

..

सागर में पैठके भंवरों से लड़ो,
किनारे-किनारे चलना छोड़ दो;
कुछ अलग हटके करना है गर,
तो, निज हाथ मलना छोड़ दो.
जहां देह गिर्द तो दर्द निश्चित है,
अंदर अंदर उबलना छोड़ दो;
झंडा फहराओ दिल-दर्द शिला पे,
मन ही मन जलना छोड़ दो.

..

साहिल सुकूँ से रहे गर चौमासे में,
तो, तबाही आना तय है;
मन-झाड़ी की रगड़ से गर देह चमके,
तो, स्याही आना तय है.

तबाही औ स्याही को मात देने को,
दृढ़ हलफ लो दिलोजान से;
भारत-कर्म तिरंगा लहराओ नित्य,
सत्कर्म सहारे उठो जहान से.

..

भयंकर तूफां में फँसने पर,
न तो धड़फड़ाओ औ न ही गिरो;
जिगर मजबूत करके चलो,
जूनूनी बनकर हर डर से भिरो.
कर्म में रखो सरफरोशी की तमन्ना,
मन के सारे कुविचार को चीरो;
गर झंडा लहराओगे तुंद दर्द लहरों बीच,
बनोगे जरूर अपने पथ का हीरो.

..

जीवन की उलझन में उलझ कर,
जो भी खोया है जग में;
महाकाल की शिखाएं गिन-गिन,
वही निश्चित रोया है जग में.
खुदी गर हर्षित होना है तो,
निखिल जग में हर्ष-पंख लगाओ
राह अपनी निष्कंटक करने को,
जग हेतु हर्ष-झंडा फहराओ.

..

केशरिया रंग आत्मशक्ति देता है,
रंग हरा जन-हर्ष दिखाता;
सत्य का द्योतक सफेद रंग है,
चक्र गतिशील होना बताता.

तीन रंग से मिल तिरंगा बना,
तिरंगा झंडा भारत की शान है;
सुकर्म से पलिए,देशवासियों!
अखिल जग में भारत महान है.

..

उधेड़-बुन छोड़ कर आगे बढ़ो,
केवल अपने ऊपर विश्वास करो;
जब कभी थोड़ी फुर्सत मिले तो,
कमजोरों का दुख-दर्द खास हरो.
भाग्य के भरोसे कभी मत बैठो,
कोशिश करो, दुख पे विजय पाओ;
झूठ-पल न टटोलो, सदा सच बोलो,
बड़े उमंग से गर्व तिरंगा लहराओ.

°•••••°

44. श्रम की तहारत

दुनिया उजड़ जाती है,
छोटी सी हिकारत करने से;
बाज न आते लोग फिर भी,
मन से शरारत करने से.

नफरत भरी दुनिया में,
डर-डर के जीना छोड़ दो;
मिलता है सबको सुकून,
जिंदगी को गारत करने से.

ईर्ष्यालुओं की चापलूसी,
जग में, करना छोड़ो, यारों!
उनको तसल्ली मिलती है,
जलन की इबारत करने से.

जलने वाले और कुफड़ने वाले,
जहां में बहुत हैं, यारों!
खत्म होती है जलन-कुफड़न,
प्रेम की जियारत करने से.

लत है आलस की जग में जिन्हें,
वे जग को कोसा करते हैं;
मिलती है शांति जीवन में,
सिर्फ श्रम की तहारत करने से.

मन को सुकूँ पहुँचाने के लिए,
लोग चेहरे को धीया करते हैं;

गंवरु प्रमोद (प्रमोद कुमार)

पर, तबस्सुम चेहरे का खत्म होता,
छोटी सी हरारत करने से.

°••••••°

45. बहार आना निश्चित

अथाह दुख के बाद, बहार आना निश्चित है
वक्त संग दरख़्तों में, दरार आना निश्चित है

"

कर्म करके कुछ अद्भुत, शिखर छुआ करो
कर्मफल इच्छा त्यागो, बेताब न हुआ करो
लोगों की चिंता करने को, लोक उपेक्षा सहो
थोड़ा-थोड़ा करके, जीवन में सुख-दुख गहो
जग में तो एकदिन, संहार आना निश्चित है
अथाह दुख के बाद, बहार आना निश्चित है

..

चित को करो स्थिर, बेचैन न हुआ करो
सब सुखी हों जग में, खुदा से दुआ करो
बेजार हो-होकर ही, वे उघड़े-उघड़े हैं
जिन्हें देखते हैं हम कि, अति सुधरे हैं
प्रकृति की चोट में, दहाड़ आना निश्चित है
अथाह दुख के बाद,बहार आना निश्चित है

..

वक्त नहीं रुकता है, बहाव नहीं रुकता है
गतिशील मनुज का, पड़ाव नहीं रुकता है
शिशिर ऋतु के बाद, पतझड़ आना तय है
जलधि में तूफां के बाद, लहर आना तय है
मनमुटाव के बाद तो, रार आना निश्चित है

अथाह दुख के बाद,बहार आना निश्चित है

..

सुकूँ से जीना है तो, प्रकृति की ओर देखो
सुधरना गर नहीं तो, विकृति की ओर देखो
मंजिल गर छूने हैं तो, कुविचार को त्यागो
अपने कर्तव्य-पथ से, भूल से भी न भागो
पथ में जमने पर, इकरार आना निश्चित है
अथाह दुख के बाद,बहार आना निश्चित है

..

रहो निरंतर चलते, जिंदगी का वजूद मापने को
रखो अंगार पर पैर, जग अग्नि-ताप भाँपने को
मरना अंतिम सच है तो, डर कर जीना छोड़ दो
अलग हटके चलने को, अपनी गति को मोड़ दो
समतल भू के बाद, पहाड़ आना निश्चित है
अथाह दुख के बाद, बहार आना निश्चित है

°•••••°

46. दबंगई

महात्मा गांधी को एकदिन,
तथाकथित दबंग से पाला पड़ा;
लेकिन कुत्सित समाज के सामने,
उनके मुंह पर ताला पड़ा.
व्यथित होकर वे एकदिन,
अपने चाहने वालों से बोले;
कटाक्ष करते हुए,
दबंगों की दबंगई का राज खोले.
"हाड़तोड़ मेहनत करो,मांगो भीख
किसी भी दशा में,चुप रहना सीख
घटना तो घटती रहेंगी, मुंद लो आँख
फैलाओ दुनिया में,दिखावे भरा पाँख
निज भाग्य कभी,खुद से मत लिख
किसी भी दशा में, चुप रहना सीख
अपने घर को,सदा महफूज रख
दुनिया की ईर्ष्या का,स्वाद चख
जग के कड़वे सच को,सहना सीख
किसी भी दशा में, चुप रहना सीख
दबंग लोगों के सामने,कभी मत बोल
उनके हाँ में हाँ मिला, निज बातें तोल
रौंद दिए जाओ, पर कभी न चीख
किसी भी दशा में, चुप रहना सीख"

व्यंग्य उक्ति के उपरांत,
गांधी जी थोड़ा गंभीर हुए;
सत्य वचन बोलने को,
पावन सुरसरि के नीर छुए.
गंगा-जल छूकर निज मुंह खोले;
फिर अपने चाहने वालों से बोले-
"दबंग न बनो,दबंगई न करो.
झूठ के विरुद्ध जगत में अड़ो.
जब भी मौका मिले मदद को;
मुंह गाँथ के भूँइयाँ में न गड़ो.
फिर देखना कि,दबंग होंगे फूर्र
दबंगई उनकी होगी चकनाचूर."
°••••••°

47. आलस छोड़ो

गांधी जी कहा करते थे,
आलस विनाश का मूल है;
आलस मानव जीवन का,
बहुत ही नुकीला शूल है.
सो, सदैव अलाम लोगों से,
बच के रहो, होनहारों!
अलबत्ता वे चाहते हैं,
कि तुम आलसी हो जाओ.
भले ही कुछ न रचो;
किंतु,आलस से बचो.
आलस कर्तव्य न निभाते देता,
कर्तव्य से विमुख यह करता है;
जिसने तनिक भी आलस किया,
वह चारो खाने चित पड़ता है.
आलसी केवल दूसरों से मांगता,
वह जग को कुछ नहीं देता है;
चोरी-चकारी, ठगी से सेठ बनकर,
लोगों का सुख हर लेता है.

..

सो, ओ होनहारों!
अखिल जग तारो.
चकाचौंध में जग के धंस-फंस के,

गंवरु प्रमोद (प्रमोद कुमार)

आलस कभी न किया करो;
स्वयं के लिए तो कुत्ता जीता है,
तुम औरों के लिए जिया करो.
देहों के दोलन-प्रदोलन रोक कर,
पैरों की थिरकन थाम लो;
आलस छोड़ो, जन-मन जोड़ो,
कुछ अद्भुत जग में काम लो.

°•••••°

48. हास्य-कवि मंच (दोहा)

छोड़ के सारे उमंग, छोड़ के छल प्रपंच.
युवावस्था में गाँधी, गए हास्य कवि मंच.

हास्यकवि की कविता सुन,हुए वे लोट-पोट.
सँग उनके हो मंच पर, खा लिय आरा-रोट.

आरा-रोट खा कर के, गाँधी खोए होश.
कटाक्ष करने के लिए, आया उनमें जोश.

सोच-सोच बेचैन वे, कैसे दें मुँह खोल.
अंततः अपने मुख से, बक दिए सत्य बोल.

"हँसाने वाले कविजन, हैं जग में बेजोड़.
तभि हँसते-हँसाते वे, देते उँगलि मरोड़.

हास्य कवियों से दोस्ती, अच्छी होती भाय.
फूटे है भाग्य उनका, जो उनसे शरमाय.

हास्य कवि पर व्यंग्य न कर, चाहे वह अनमोल.
क्यूँकि करते न हास्यकवि,अपन सच-पोल-खोल."

व्यंग्य-बाण सुन गाँधी के, हास्य कवि खूब रोय.
हास्य मंच छोड़ कर अब, समाज-हित में खोय.

समाज-हित में खोते हि, कवि हो गय कमजोर.
हा-हा ही-ही छोड़ कर, बहाने लगे लोर.

हास्य कवि के लोर से, आयी भू पर बाढ़.
हुई तबाही बाढ़ से, हुआ झूठ अति गाढ़.

49. संघर्ष

इस दुनिया में हर कोई,
घमंड में चूर है
नशीली दुनिया में
रब भी सच से दूर है
लोग सिर्फ और सिर्फ
दिखावा ही करेंगे
पर, यह सच है कि,
अच्छी बातें नहीं सुनेंगे
कोई सुने या न सुने, पर,
स्वयं को सुनाकर विमर्श करो
कभी कुंठा में मत आओ,
आलस छोड़ो और संघर्ष करो.

..

तारीफों के अंधकार में,
कभी भटक कर मत सोओ
हेंकड़ी मत झाड़ो कभी,
न ही चमक-दमक में खोओ
गर बिलकुल असहाय हो,
तो घबराओ मत, न ही रोओ
भूल से भी अपनी दुनिया में,
निराशा का बीज मत बोओ
कर दो निराशा का शिकार,

न होओ निराशा का शिकार
थको नहीं, झुको भी नहीं,
संघर्ष करो, दूर करो कुविचार.

..

आत्मविश्वासी बनो, निज राह में ठनो,
लोक-जीवन का अँधेरा दूर करो
संसार में प्रकाश की कांति लाने को,
मन के सारे विकार चकनाचूर करो
गर सूरज की रोशनी ही चाहिए तो,
महल छोड़कर खुले में जिओ
सही मायने में सबकी उन्नति चाहते तो,
जगत का हर कष्ट गरल पिओ
संघर्ष ही जीवन है, जीवन संघर्ष है,
संघर्ष ही तितली की उड़ान है
संघर्ष की डोर पकड़के संघर्ष करो,
संघर्षकर्ता के पैरों तले जहान है.

..

संघर्ष करने वाले ही संसार में,
मानव समाज की आशा बनते हैं
संघर्ष करना जिसने छोड़ दिया,
वे कहाँ कभी जहान में ठनते हैं
है परों के संघर्ष से जुगनू की रोशनी,
डैनों के संघर्ष से ही हैं उड़ते जहाज
संघर्ष करता है जो जीवन भर,
ईश्वर भी जानना चाहते उससे उन्नति-राज.

°•••••°

50. होनहारों का सच

सच हमेशा कड़वा होता है,
पर, बोलिये इसे जरूर.
तभी कश्मकशें सारी जहां की,
हो सकेंगी मसरूर.
फहरिस्त लंबी करता जब नर,
केवल अपनी ही प्रसिद्धि की;
तब झूठ से बचने की सारी तज्वीजें,
जहां से हो जातीं दूर.
विषैले साँपों की तो आदत है,
विष फैलाना और दर्द देना;
होनहारों! डरो मत कभी विषैलों से,
छोड़ो निज मन-मगरूर.
घिरता जो नहीं मन-खमन से,
पाँव तलक तन कंपन लेकर;
वह क्या खाक पूछेगा कम्पित दिल-दर्द से,
कि क्या होता फतूर.
सच के धागे में गाँठ नहीं है,
गाँठ तो मानव के मन में है;
मन की गाँठ न जोड़नेवाले ही,
नित्य उरंग सम बनते क्रूर.
धन, प्रसिद्धि कमाने की बेकली में,
जग सारा झूठ नर बोलता है;

नर जानता है कि सच बोलने हेतु,
करना पड़ता निजी घमंड को चूर.
किसी की नजरअंदाजियों से घबराकर,
कुंठित क्यूँ होते हो, होनहार!
गर तुझे तोड़ना ही है सारे विश्व रिकार्ड तो,
सच पर अडिग रहो, हुजूर!
°•••••°

51. संस्कार

द्वीप हूँ मैं संसार सागर का,
मेरी क्रोड में है जीवन-तत्त्व भरमार
छल-छल बहता पानी हूँ मैं,
है घुल जाती मेरे अंदर सारी दरार
मैं हूँ अखिल भूखंड का दाय,
है मुझमें मिलती बच्चों की पुकार
जब माँजती मन-परें सारी कुप्रवृत्तियाँ
तब आह्लादित होता है संस्कार

लंद-फंद कतई पसंद नहीं है मुझे,
न ही है पसंद है स्वैराचार;
न तो लेता अतिचार आगोश में,
मेरी नियति के रगों में है संस्कार।
जब जग प्लावन मेरे घरघरा उठते,
है देखते बनती स्रोतस्विनी की धार;
कीर्तियाँ भी घोर कालों में सजी हैं,
तभी लेता हूँ मन मार, बिन तकरार।

प्राण प्रवाहिनियाँ उबलतीं नहीं,
समय के रेत पर भी न होतीं बेकार;
मैं जमा रहूँगा, टिका भी रहूँगा,
चाहे व्यक्तित्व का हो कैसा भी आकार.

न तो डरूंगा, न ही मरूंगा,
मार लो कितना भी भयंकर फुफकार;
पैर न डगमगायेंगे, सर उठे रहेंगे,
हर संस्कार से पूर्ण हैं मेरे संस्कार.
°•••••°

52. झूठ मत बोलो भाई

तुम तो एक मानव हो.
गतिमान भू का रव हो.
फिर भी,
मुँह क्यों खोलते हो?
झूठ क्यों बोलते हो!?
तुम कहोगे कि,
कहते रहोगे कि-
अपना पेट पालने के लिए,
पर-पाद प्रक्षालने के लिए,
मुँह खोलता हूँ:
झूठ बोलता हूँ.
फिर कहोगे,
कहते रहोगे,
'पर-पाद है'
बिना विवाद है-
दूसरों के लिए धरम-दान
किसी गरीब का कल्याण
पिछड़े लोगों का परित्राण
साथ में, अपना भी सम्मान.
भई, बात-फाँस क्यूँ लटकते!
अपनी बात से क्यूँ भटकते?
क्या तुम नहीं जानते!

माथा क्यूँ नहीं ठानते!
पर-पाद है-
बिन विवाद है-
अपने परिवार की भलाई
दुनिया में बांटने को रसमलाई
संसार में किसी की भी भलाई
पर, बिन खोदे गड्ढा और खाई.

..

ओ झूठ बोलने वाले!
बनो सच-गाँठ खोलने वाले.
तभी, संसार का भला होगा;
निकट तेरे अल्ला तला होगा.
कहीं पर न मार-धाड़ होगा;
धरती पर बड़ा सुधार होगा.
फिर, रामराज्य आना तय है;
हर जन जीवन भी अभय है.
ओ नर! झूठ बोलो खूब बेशक;
पर, बिन जिया डुलाये धकधक.
तज कर चिक्कन-चुलबुल मलाई,
जग में मत खोदो गड्ढा और खाई,
गाँधी कहता, झूठ मत बोलो भाई.
°•••••°

53. हकीकत

रहूँ करता केवल कर्म अच्छा,
खुदा के प्रति मेरी यही अकीदत है;
है घमंड जड़ जग में विनाश का,
यही तो जहान की हकीकत है.
हकीकत हकीकत कभी मत रटो,
हकीकत से कभी भागो मत;
सच्चाई से परे प्रकृति नहीं है,
जग में सच्चाई को त्यागो मत.

..

क्या भला है, क्या बुरा है,
गर मानव हो तो इसे समझो;
किसी बात की सच्चाई समझे बिना,
हकीकत को हर पल बूझो.
भला-बुरा में फर्क अगर करते हो,
तो हकीकत सामने आएगा;
दशा कुछ भी हो, दिशा कुछ भी हो,
वह खार हमेशा खाएगा.

54. वंशवाद छोड़ो

वंशवाद अपनाने वाले,
जमीं से नहीं जुड़ते हैं;
वे तो वंश में व्यस्त होके,
वंश-दंश को तुड़ते हैं.
अपनी भलाई सदा चाहनेवाले,
सिर्फ वंशवाद अपनाते हैं;
येनकेन-प्रकारेन वे,
निज वंश की महिमा ही गाते हैं
..
वंशों की कथा निराली है,
वंशवाद पराली है;
जिसने वंशवाद को चाहा है,
उसके घर में आली है.
वंशवाद छोड़ो, ओ जगवालों!
इसके बिन ही रहा करो;
बिन वंशवाद के आगे बढ़के,
देश का हित ही कहा करो.

55. मैं गाँधी कृष्ण को याद करूँ

करके मन मनोरंजन

करके कलंक विरंजन

कृष्ण! अद्भुत लीला दिखा दो जी

वीतरागी बना कर

जंगी जग में ठना कर

कृष्ण! विरुदावलियां लिखा दो जी

तुझपर वारी जाऊं

तुझे देखके अघाऊं

कृष्ण! जीना जग में सीखा दो जी

सारे विपर्यय हटाके

विशिष्ट वीरजी सटाके

कृष्ण! विपुल विधान चिखा दो जी

जब तक जग में रहूँ

सदा सन्मार्ग ही गहूँ

कृष्ण! दामन बचाके बिखा दो जी

कृष्ण! तू है अंतर्यामी

बना दे मुझे निष्कामी

मुझ अदना सा नर को टिखा दो जी

सारे डर भय भगाके

संसार से पार लगाके

हर पल नव उत्साह से तिखा दो जी
मैं गाँधी कृष्ण को याद करूं
गीता का उपदेश दिल में भरूं
हे कृष्ण! मानव-लीला दिखा दो जी.

°•••••°

56. सर्वोन्नति स्वर

कुमुद कुमुदिनी पूर्ण चन्द्र को निहारे.
झांके भारतदेश में नभमंडल के तारे.
सुशोभित रहे देश-मुखकमल की प्रभा;
कुंकुम सम अरुणवर्ण हो देशवासी हमारे.

..

देश-कर्म की कोमल किरणों से,सारा जग हो प्रकाशित.
पूरी दुनिया रहे सुख सज्जित, रहूं मैं भी सुख सज्जित.
हृदय कोर की क्रीडा में,उज्जवल दिव्य रस का रास हो;
जिससे जग मन-हरण हो,वह उद्दीपन स्वर रहे सुरभित.

..

अनुज लाल बहादुर शास्त्री का वैश्विक रंगत हो.
पूर्ण अन्तर्नाद की सृष्टि में देशवासी पारंगत हो.
सारी नदियां हो साफ, सच्चे की गलतियां हो माफ;
पक्षियों के कलरव में सगुणी बहिर्मुखी आगत हो.

..

सबकी उन्नति का स्वर, पूरे विश्व में गुंजायमान हो.
देश-हवाएं महाप्राण हो, विश्व-गाथाएं महा शान हो.
मैं गाँधी सबकी उन्नतियां देखकर खुश रहनेवाला हूँ;
मेरे मरने के बाद, मेरा सर्वोन्नति स्वर विराजमान हो.

°•••••°

57. अहंकारी (दोहा)

खड़ा किया अहंकारी, जग सारे दीवार.
सिर्फ उसी के कारण हि, गर्त हुआ संसार.
अहंकारी इस जग का, कर दिया बुरा हाल.
तभी भू का हर मानव, रहता है बेहाल.
जग में नित अहंकारी, करता चुगली भोग.
अहंकारी से डरते, तभि जग सारे लोग.
अहंकारी देता जब, जग शांति संदेश.
छुपा होता उसमें तब, हर तरह छद्म भेस.

..

अहंकारी कभि न करे, कोई भी उपकार.
सिर्फ चाहे वह सबसे, हर तरह तकरार.
अहंकारी जग का है, सबसे बड़ा निकाज.
जिसके कर्म से फैला, धरा पर घुप्प दाज.
अहंकारी से सदैव, रहिये अतीव दूर.
नहीं तो उन्नति-सपना, होगा चकनाचूर.
अहंकारी के कारण, है घमंड चहुँओर.
अहंकारी के कारण, है सिमटी भू-कोर.

..

अहंकार रहित होके, जीना सीखो यार.
हेंकड़ी सारे छोड़ो, पाओ जग से पार.

58. चुगलखोरी

चुगलखोरी की कोई आदत नहीं
झगड़े लगाने की भी आदत नहीं
मेहनत की कमाई खाता हूँ,यारों!
आलस करने की भी आदत नहीं

..

मैं तो आत्ममुग्ध व्यक्ति नहीं
आत्म-पूजक भी शक्ति नहीं
भरोसा है अपनी मेहनत पर,
चुगलखोरी में अनुरक्ति नहीं

..

नहीं है पसंद मुझे चुगलखोर
नहीं है पसंद कोई हरामखोर
केवल कर्म करते रहता हूँ मैं,
निज दर्द में नहीं मचाता शोर

..

सदा संघर्ष ही मेरा जीवन है
चुगलखोरी से दूर रहना प्रण है
फटे-पुराने कपड़ों में खिलता हूँ,
सेवक की भांति कर्म-रण है

..

जीने लायक ही धन की चाहत है
चुगलखोरी से न दिल को राहत है

दबंग बनने की कोशिश न करता,
तभी अदृश्य शक्ति की मुझमें माहत है

°••••••°

59. नफरत की दुनिया छोड़ो

प्यार मोहब्बत की दुनिया बनाकर,
मिल-जुल कर सदा रहा करो;
नफरत की दुनिया छोड़-छाड़ कर,
खुशहाली की कहानी कहा करो.

..

राह जन-जीवन की सुगम बनाकर,
आसान सी जिंदगी जिया करो;
दुर्गम पथ स्वीकारो, सच को संवारो,
दुनियादारी गरल कुछ पिया करो.

.

ऋतुएं बदलेंगी, त्यौहार भी बदलेगा,
पर, मन-मौसम समान रखा करो;
हर मौसम की खुशी में पलो, बढ़ो,
पर, उसकी रीतियां न चखा करो.

..

वीहड़ वनों में गर भटक गए हो तो,
अपने फटे पाँव को निहारा करो;
निजी जख्मों से पहले वीहड़-ज़ख्म देखो,
जग सत्कर्म भी सारा करो.

..
जहां की तंगहाली गर भगाना चाहते तो,
खुद को तंगहाली की ओर मोड़ो
जग की बदहाली को सुकर्म से हटाओ,
धरा पर, नफरत की दुनिया छोड़ो.
°••••••°

60. सत्य प्रयोग

सूरज उगता है, सत्य है,
सुग्गा दाना चुगता है, सत्य है,
सूरज से रोशनी चाँद पाता है, सत्य है
खुशबूदार फूल सबको लुभाता है, सत्य है
यह शाश्वत सत्य है कि,
बादल सूरज को सदा के लिए नहीं छुपाता;
यह भी शाश्वत सत्य है कि,
चन्द्रमा अपनी रोशनी सूरज से ही पाता।
प्रकृति का कण-कण
निज स्वभाव अनुसार घटता, बढ़ता;
स्वभाव लताओं का,
अपनी कमियों में भी चतरण गढ़ता।
फिर, स्वभाव बदला कहाँ,
प्रकृति बदली कहाँ,
इसमें पथ से विचलन थोप नहीं
और, इसमें सत्य का लोप नहीं.

..

सुबह होने से पहले
सपनों की दुनिया छोड़ कर,
छोटे-छोटे घरों के समूह में
स्वयं की छाया मोड़ कर,
सुंदर फूलों के बगीचे से

धरती को स्वर्ग जल सींचे से
जब सारा सपना घिर जाए,
तभी चुपचाप आवंटन होता
सत्य के प्रयोग का,
जहाँ हर जन का भाग्य फिर जाए.

..

घर-गृहस्थी के किनारों में
हरे-भरे पेड़ों से घिरे पहाड़ों में
जग-जीवन उत्तेजनाओं में
अशोक अश्वत्थ की छाओं में
मानव मन के मशीनरी में
चमकती आँखों की किरकिरी में
सत्य की परिकल्पना
और बड़े सत्य-घटना
झुकाव छोड़कर सीधी खड़ी होती
भारत की पवित्र भूमि पर अड़ी होती
प्रार्थना की लय के योग के लिए
अविनाशी सत्य-प्रयोग के लिए.

°•••••°

61. वक्त

उधेड़बुन में पड़े रहने से,
लूट गया जग सारा;
परिवार छूटा, दोस्त छूटे,
छूट गया जग सारा.
वक्त मेरा इंतजार न किया,
वह गुजर गया आहिस्ते;
दुख सिंधु में जब डूबने लगा
तब ठुकराया नाते रिश्ते.
सो, दिखावटी रिश्तों के भंवर बीच,
मैं कभी नहीं फंसता हूँ;
गन्ने की भांति चूसे जाने पर भी,
अधर्म-धरा में न धंसता हूँ.
जब बारी आई भू पे खिलने की तो,
पूरा जग बेचैन हुआ;
भाग खड़ा हुआ बेवक्त वक्त संग,
चिर चीर चौबंद शैन हुआ.
भर पंजिया वक्त पकड़ा जब मैंने,
तब मिल गया जग को चैन;
भले ही, मुंद न पाया नैन नींद आने पे,
पर अंत-अंत तक मिली रैन.
तकाजा वक्त का सुन-सुनके,
अपनी दिशा को मैंने मोड़ दिया;

वक्त को एकदिन नहीं छोड़ा था,
तभी, वक्त दुख-गट्टा मरोड़ दिया।
बेवक्तों में वक्त का कद्र करे जो,
भाग्य उसका रहता न जीरो;
वक्त को वक्त पे समझने वाला,
बनता एकदिन जग का हीरो.

..

वक्त इस दुनिया का बादशाह है,
यह किसी का गुलाम नहीं;
हर पल, हर क्षण गंवाने वाले को,
सुख-चैन सुबहो-शाम नहीं.
मैं गांधी सदा साथ जिया वक्त के,
वक्त संग तकलीफें उठाया है;
निजी दुखों को वक्त पर भूलके,
हितगान देश-दुनिया का,गाया है.
हर पल मुझे वक्त ने डराया, पर,
दृढ़ होके अड़ा रहा वक्त के मग में;
वक्त को न बनाया कोरा, वक्त को न छोड़ा,
तभी, शान से जिया है जग में.
वक्त संग चला है टॉल्सटाय,
आइन्स्टीन भी वक्त संग चला है;
गौर से देखो हर महापुरुष को,
किसी ने न वक्त को खला है.
आलस जिसने भी किया जीवन में,
उसका हड्डी सहित रोम-रोम मैटरी बना;
बेंजामीन फ्रेंकलिन ने वक्त को पहचाना,
तभी ऋणात्मक-धनात्मक बैटरी बना;

वक्त के साथ आर्यभट्ट चले थे,
वक्त के संग ही तुलसीदास चले;
कबीर, सूर वक्त के संग चले,
तभी, निजी जीवन में कभी न खले.
वक्त को समय पर पहचानों, दोस्तों!
यही गांधी की गुजारिश है;
वक्त पे हरपल कर्म करने वाला ही,
हर ओर करे समृद्धि-बारिश है.

°•••••°

62. श्रम

वैसा लक्ष्य क्या खाक लक्ष्य है,
जिसमें कोई आकार न हो।
वैसी उपलब्धियों के क्या फायदे,
जिसमें श्रम दरकार न हो।
इधर-उधर कभी मत देखो,
नजर गड़ाओ अपने लक्ष्य पर;
दम न धरो अपनी राह में
जब तक सपना साकार न हो।
जन्म तो लिए बहुतों ने भू पर,
पर, धरा का स्वप्न न साकार हुआ;
धनवान बड़े-बड़े आए-गए,
पर, भू-लक्ष्य न किसी को दीदार हुआ।
संघनित वारि गगन में जब विचरता,
उन्नत नभ तब झुक जाता है;
लक्ष्य की दिशा में श्रम करने से,
विपरीत काल-चक्र रूक जाता है।
श्रम में ही ईश्वर का वास है।
श्रम में प्रकृति का सुवास है
ग्रह-नक्षत्र सारे श्रम पर टिके;
श्रम से बढ़के न कुछ खास है।
जग में नहीं कुछ श्रम से बढ़कर,
भाग्य श्रम के आगे झुकता है;

सही दिशा में जिसने श्रम किया,
अभाव उसके मग न रूकता है.
परिश्रम से सिद्ध सब करता जो,
जग पूरा उसका आधार हुआ;
लक्ष्य निर्धारित कर श्रम करो,
क्यूँकि,श्रम से ही धन्य संसार हुआ.
मैं गांधी सिरिफ श्रम करता हूँ,
फल क्या होगा, ये सोचता नहीं;
श्रम ऊपर शीश झुकाते हैं ईश्वर,
तभी चंचल मन मैं नोचता नहीं.
गर पूछे कोई श्रम मूल्य मुझसे,
उसे कीमत अमूल्य बताता हूँ;
श्रम कोई भी हो इस धरती पर,
उसे करने में मैं न शर्माता हूँ.
मैं गाँधी भलीभांति जानता हूँ,
कि, श्रम की ही जीत होती है;
श्रम करते हुए जो बढ़ना सीखा,
उसकी दुनिया नहीं खोती है.
भले ही कुछ नर गलत कहते फिरते,
जग में सही श्रम करने वाले को;
पर, उसी के श्रम से जग जीवित है,
क्यूंकि,श्रम पसंद है रखवाले को.

°••••••°

खंड - तीन : धरती के कर्मवीरों से संबंधित

****

हे सिया! हे राम!

तुझ सा कर्म करके,

मैं जग से प्रस्थान करूं;

धरती छोड़ने के बाद भी मैं,

अपने किए कर्म से

जग-दुख हरूँ.

****

63. अग्निवीर

अग्नि सम तेज जो धारण करते.

अत्याचार अग्नि मिटाने बढ़ते.

सही मायने में होते वे अग्निवीर,

कर कर्म अप्रतिम बनते कर्मवीर.

जो जन-जन को पहुंचाये सिद्धि-क्रोर.

आनंद, हर्ष औ खुशियां लाये चहुंओर.

कर्मवीर बनकर वह घूमता धरा-छोर.

गहन दुख में न बहाता वह कभी लोर.

जो सदा तर्क के साथ, है करता अपील.

अच्छे लोगों को न करता, कभी ज़लील.

उसके कर्म से बरसता है,सरस सलिल.

महादेव सम जाता वह, जग-विष लील.

जब तक रहता है, सांस औ जान.

जब तक रहता है, देह में प्राण.

तब तक कर्म करता, कर्मवीर इंसान.

कर्म करके बदलता वह सारा जहान.

न अग्निवीरों में डर भय होता है.

न कर्मवीरों में चिंता लय होता है.

सिर्फ़ सुंदर कर्मो में रत होते हैं वे.

परम-सुखदायक भारत होते हैं वे.

°••••••°

64. भाग्य

मत कर कभी भरोसा रे बंदे!
किस्मत की लकीरों पर.
भाग्य खुद को न्योछावर करता,
वसुंधरा के कर्मवीरों पर.
दुनिया उसी पे फ़िदा होती,
कर्म जो स्वार्थ छोड़ करता है;
तीनों लोक वही नाप पाता,
जो जन-विकास दोर धरता है.
उन्नति खुद को अर्पण करती,
धरा के धीर वीर गंभीरों पर;
भाग्य खुद को न्योछावर करता,
वसुंधरा के कर्मवीरों पर.
सफल जिंदगी वही जीता है,
जो मेहनत करके पलता है;
नियत अपनी ख़राब करके,
कभी किसी को न छलता है.
ढेला फेंकता रहता है दुर्भाग्य,
अनाचारी और अधीरों पर;
भाग्य खुद को न्योछावर करता,
वसुंधरा के कर्मवीरों पर.
हालात चाहे कितनी भी ख़राब हो,
कुछ बेहतर करते जाना है;

परिस्थितियाँ क्यूं ना विपरीत हो,
हर मुश्किल से लड़ते जाना है.
'जीवन एक संघर्ष है', और,
संघर्ष झुकता कर्म-फकीरों पर;
भाग्य खुद को न्योछावर करता,
वसुंधरा के कर्मवीरों पर.
हार उसी की हुआ करती है
जो हारकर गया है हार;
शक्ति उनके पास विराजती,
जो तोड़ दे आलस-दीवार.
दुनिया नित दीवानी होती है,
अच्छा बोलनेवाले कीरों पर;
भाग्य खुद को न्योछावर करता,
वसुंधरा के कर्मवीरों पर.
आकाश में उड़ते गिद्ध को देखो,
जो कोसों दूर देख सकता है;
मीलों दूर भोजन हेतु उड़ता, पर,
न थककर चूर लेख सकता है.
विजय उसी की हुआ करती है,
जो न रहते किसी सहारों पर;
भाग्य खुद को न्योछावर करता,
वसुंधरा के कर्मवीरों पर.

°•••••°

65. कर्म गीत

जन-मन से भय भगाता हूं.
नित गीत कर्म का गाता हूं.
..

निज हड्डी दधीचि-सा दान कर,
बिना हार माने सुकर्म ठान कर,
विघ्नों से जगत को बचाता हूं;
नित गीत कर्म का गाता हूं.
..

लोगों के सपने न टूटने देता,
जन-रक्षा भाग्य न फूटने देता,
झूठ बोलने से भय खाता हूं;
नित गीत कर्म का गाता हूं.
..

अंतर की व्यथा चीरता हूं,
लोक झूठ पर भीरता हूं,
दुर्भाग्य का लेख मिटाता हूं;
नित गीत कर्म का गाता हूं.
..

सत्य वचन पर अड़ता हूं,
बुरे वक्त में धैर्य धरता हूं,
सत्कर्म को मीत बनाता हूं;
नित गीत कर्म का गाता हूं.

..

घुटन, सिसकियां पी जाता हूं,
पीड़न, ठिठकियां धी जाता हूं,
फूटे कर्म में नवजीवन लाता हूं;
नित गीत कर्म का गाता हूं।

..

किसी की पीठ में न घोंपता छुरा
भले ही सपना रह जाए अधूरा
कष्ट में भी खुशियां मनाता हूं;
नित गीत कर्म का गाता हूं.

..

निज उन्नति मोहजाल में फंस कर,
धरती के अच्छे लोगों पर हंस कर,
किसी को नहीं भरमाता हूं;
नित गीत कर्म का गाता हूं.

..

जग में जूझने का मेरा इरादा है,
सबको सुख-शांति देने का वादा है,
अतः, मन कविता छांट पाता हूं;
नित गीत कर्म का गाता हूं.

..

जोड़ दूँ जगत में बिखरे नीड़,
बयार बहा दूँ जस देवदार चीड़,
संपूर्ण जग में उजियारा लाता हूं;
नित गीत कर्म का गाता हूं.

..

जन-जीवन बनाऊंगा रंगीन,

कोई कर्म न करूंगा संगीन,
भू पे नींव मजबूत बनाता हूं;
नित गीत कर्म का गाता हूं.

°•••••°

66. खूबसूरत कर्म

अपनी उन्नति चाहनेवाले को,
कुछ खुबसूरत करना होगा;
जग में सज्जनों की तकलीफ़,
और विघ्न हर हरना होगा।
कुछ अच्छा करना के लिए,
बहु बाधा पार करना होगा;
तम हटाने के लिए धरती से,
मृत्यु हर वक्त वरना होगा।
तभी हम कर्मवीर कहलायेंगे;
अपनी धरती को बचा पायेंगे।

..

रेगिस्तां में गंगाजल धरना होगा;
बंजर भू को आबाद करना होगा।
यत्न को प्रयत्न से निहुंछाना होगा;
कुछ अनोखा करके बताना होगा।
तभी हम कर्मवीर कहलायेंगे;
अपनी धरती को बचा पायेंगे।

..

नभ-तल तक सच गूंज पहुंचाना होगा;
आराम-वैभव तज कर्म-रण जाना होगा।
जन जीवन से उकताहट हटाना होगा;
संसार में कष्ट को गले लगाना होगा।

तभी हम कर्मवीर कहलायेंगे;
अपनी धरती को बचा पायेंगे.

..

मार्ग सुगम करने को बदलना होगा कोस;
सत्य पे अड़ने को बनाए रखना होगा जोश.
झूठ के प्रति दिखाना होगा आक्रोश;
निर्भय होकर निर्णय लेना होगा ठोस.
तभी हम कर्मवीर कहलायेंगे;
अपनी धरती को बचा पायेंगे.

°•••••°

67. कर्म-जेहरी

समा में जाने की शक्ति उसे,
जिससे शंका-गढ़ ढह जाए;
समां ऐसा बांध दो तुम कि,
पूरी दुनिया देखती रह जाए.

..

जीवन का गम भागने के लिए,
दुख -तासीर सहना पड़ता है;
जग में परिवर्तन लाने के लिए,
नित्य कर्मवीर बनना पड़ता है.

..

मुसीबतें जब भी जीवन में आती हैं;
नसीब के भरोसे रहनेवाले को तड़पाती हैं.
कंटक पथ पर चलने की आदत जिन्हें,
उनसे कर्म-जेहरियां भविष्य बदल जाती हैं.

..

जिनका कर्म अच्छा होता,
आकर्षित होते नहीं शबाब पर;
कर्मवीर भरोसा करते हैं सिर्फ,
निज कर्म रूपी आफताब पर.

..

पैरों में खार चुभने पर भी,
तुम रूकना नहीं, कर्मवीरों!

अजाब-दबाव बड़ा आने पर,
तुम झुकना नहीं, कर्मवीरों!
°••••••°

68. कर्मवीर

दुर्गुण के बादल से निकल कर
जग के हर कार्य में सुफल कर
जो अलग पथ गढ़ जाता है
वही कर्मवीर कहलाता है

..

खांटी सच करके हर बात
मेहनत करके दिन-रात
जो कष्ट सहते बढ़ जाता है
वही कर्मवीर कहलाता है

..

दुखियों के दर्द को पहचान
कार्य वक्त पे करने को ठान
जो दुख में नहीं घबराता है
वही कर्मवीर कहलाता है

..

खूब हृदय में भरके भव-भाव
पूरे जग में बढ़ाके सत सद्भाव
सत्कर्म करके जो इठलाता है
वही कर्मवीर कहलाता है

..

जीवन की विपत्तियों को चीर
तकलीफों में बिन बने अधीर

जो दृढ़ रहता, न कछमछाता है
वही कर्मवीर कहलाता है

..

बन कर इस जहान में फकीर
बहा कर भू पर सुख गंगा नीर
जो जग को ताड़ जाता है
वही कर्मवीर कहलाता है

..

जग मे ऊंचाइयां प्राप्त करने पर भी
बड़ी-बड़ी उपलब्धियां पाने पर भी
जो कभी नहीं इतराता है
वही कर्मवीर कहलाता है

..

रोते हुए को चुप करा कर
जीवन रण में कष्ट हरा कर
जो सत्य की रक्षा कर जाता है
वही कर्मवीर कहलाता है.

..

संसार संताप को दूर करके
जन-जीवन को कोहिनूर करके
जो जग में नहीं अकुलाता है
वही कर्मवीर कहलाता है

..

होतीं अनुभूतियां स्वर्गलोक की,
अग्नि, जल, प्रकृति पास में;
सांय-सांय सनसनाती हवायें,
सुगंध सहेजती कुछ ख़ास में.

गंवरू प्रमोद (प्रमोद कुमार)

दुनिया भले ही रमती है,
चन्द्र-सूरज, तारे के प्रकाश में;
पर, कर्मवीर सिर्फ रमते हैं,
दिव्य कर्मकांति आकाश में.
तभी आमजन चैन से रहते हैं;
कभी संकट-चरण न गहते हैं.

..

कर्मवीरों को न होता डर भय है,
वे केवल रमाते जन सुरक्षा-लय है,
उनमें आसक्ति न किसी प्रकार की,
पांव उखाड़ फेंकते हैं हर हार की,
उनकी शख्सियत अतुल्य होती है,
उनकी खासियत अमूल्य होती है,
होते हैं वे भारत-धरा धरोहर,
उनका काम अतीव मनोहर,
तभी आमजन चैन से रहते हैं,
कभी संकट-चरण न गहते हैं.

..

कर्मवीर की कर्मठता,
होती बड़ी अनमोल;
दिनरात पीटते हैं वे,
केवल कर्म का ढोल.
निज मस्ति में मस्त होकर,
न बनते ढोल की पोल;
अनवरत भव-भाव जगाते,
कर्म से न करते मोल-तोल.
तभी आमजन चैन से रहते हैं;

कभी संकट-चरण न गहते हैं.

..

अलग नयी तख्लीक के लिए,
कई तकलीफ़ें उठानी पड़ती है;
सच पर सदैव टिकने के लिए,
निजी हैसियत जगानी पड़ती है.
बेहतर करने को आगे बढ़ने हेतु,
शामतें गिरानी पड़ती है;
इस दुनिया में ठने रहने के लिए,
शोहरतें लुटानी पड़ती है.
कर्मवीर तकलीफें उठाकर,
हैसियतें जगाते रहते हैं;
शामतें अपनी गिरा-गिराके,
शोहरतें लुटाते रहते हैं.
तभी आमजन चैन से रहते हैं;
कभी संकट-चरण न गहते हैं.

°●●●●●°

69. जग-उद्धार

फातिहा पढ़ने की जरूरत नहीं,
पहली दफा फेल हो जाने पर;
आगे बढ़ने की ताकत रखते जो,
वो उठ खड़े होते, गिर जाने पर.

..

गिरकर उठना, उठकर संभलना,
यदि संभलने के लिए रो जाना;
बार-बार गिरकर मजबूत बनना,
पर, हौसला कदापि न खो जाना.

..

खोने के लिए सिर्फ होती है हार,
पाने के लिए है यह पूरा संसार;
गिरकर भी जो संभल जाता है,
कर पाता वह तीनों लोक उद्धार.

..

दुख फिरा नहीं, गर गिरा नहीं,
गिरने वाला डरपोक न होता है;
गिर कर भी जो जग को देखा,
उसकी मुट्ठी मे पूर्ण जग होता है.

..

कर्मवीर बनो, जग जन में ठनो,
जग उद्धार में तुम रम जाओ;

यदि बहकने लगे मन तुम्हारा,
सुकर्म गड्ढे में गिर थम जाओ.

°••••••°

70. नया सवेरा लाए जो
(दोहा)

दुनिया में जिस किसी ने, न माना कभी हार
उसके जैसा न कोई, इस जग में बरिआर
निज उपलब्धियों पै जो, करै न कभी घमंड
रब होवै उनके संग, पथ बताय मार्तंड

..

जग उनसे लगाय आस, मदद करै जो खास
वो भलाई न कर सकै, जो है जिंदा लाश
सारे गुण उनके पास, जो न करै बकवास
जो नहीं करै बकवास, वो जग करै उजास

..

बनना है गर कुछ ख़ास, मत पड़िए जग फेर
जग में कुछ पाने हेतु, काज में न करें देर
जो कलियुगी जहान में, जगत से करे प्रीत
सच में जानता वहि है, कैसे निभाय रीत

..

वचन पालन करते हुय, जो कर्म करै ख़ास
दुख की घड़ी आने पर, वह न होवै हताश
जो न होत कभी हताश, सचमुच हैं भू-वीर
कंटक पर पथ हटा कै, बन जात कर्मवीर

..

नया सवेरा लाय जो, जग को नहि भरमाय
जग में अद्भुत करके वह, कर्मवीर कहलाय

°••••••°

71. वीर जवान (कुंडलियां)

मनोहारी कर्मवीर, होते हैं दमदार
दुःख दरद झेलते हुए, काज करते अपार
काज करते अपार, सोच रख मंगलकारी
नही मानते हार, रहे अविचल अविकारी
हंसाते हर बार, होते सदा व्यवहारी
नहीं रखते विकार, तब तो हैं मनोहारी

..

वीरोचित कर्म से जो, आते खुदा समीप
हिम्मतवर नित्य बनते, जलाते हर्ष दीप
जलाते खुशी दीप, जन इज्ज़त कर यथोचित
बन मानस थिर सीप, करते काज सर्वोचित
सही रखे कृत कीप, बोलते हैं न्यायोचित
बनते धीर महीप, जो रखे गुण वीरोचित

..

वचन मन कर्मवीर के, रहता ज़रूर साफ
खुश हो रहते हर वक्त, न हांकते वो लाफ़
न हांकते वो लाफ़, होते संस्कार पूरन
बिन मिटाय पर-ग्राफ, वो लाते बहार घुरन
रहते सदैव राफ, रखते मजबूत निज तन
करते उनको माफ, जो माने भारत-बचन

..

करम से वीर निडर हो, करे काज गंभीर

अद्भुत रूप सहेज कर, बनते सच्चे वीर
बनते सच्चे वीर, समझते हैं जगत-मरम
न कोसते तकदीर, सदा धरते पैर्य धरम
नहीं होते अधीर, पहुंचते सीमा चरम
चलाकर चरम तीर, पूरा करते शिव करम

..

देश के कर्मवीर नित, करते उत्तम काम
अनोखा कर्म बदौलत, करते भारत-नाम
करते भारत-नाम, बनके बल परिवेश के
बिन छलकाए जाम, नग बनते भू-रेस के
करते हैं व्यायाम, नाम लेके सुरेश के
न गिरते हैं धड़ाम, वे वीर जवां देश के

°•••••°

72. मैं हूँ अनुरागी विश्व-जनों का

पिच्छिल जमीं पे पैर जमाके,
मरघटिया पहुंच के डरता नहीं;
मैं हूँ अनुरागी विश्व-जनों का,
लस्टम-पश्टम में पड़ता नहीं.

..

वीरान जगह आबाद करता हूँ खास.
चहल-पहल लाकर फैलाता प्रकाश.
कई प्रकार की कठिनाइयों में भी;
काम करता मैं सांगोपांग झकास.
मेरी आँखें दूसरों की उन्नति पर,
उल्टी दिशा मे गड़ता नहीं;
मैं हूँ अनुरागी विश्व-जनों का,
लस्टम-पश्टम में पड़ता नहीं.

..

हूँ तुच्छ नर भू परती का,
हूँ वीर जवां इस धरती का,
झुंड बनाकर चलता नहीं,
भोंपू बजाकर बकता नहीं,
वनराज की भांति अकेला रहता हूँ;
सत्कर्म करने को, हर दुख सहता हूँ.

दुख सहता हूँ कई प्रकार से,
किंचिन्मात्र न अखड़ता हूँ;
मैं हूँ अनुरागी विश्व-जनों का,
लस्टम-पश्टम में पड़ता नहीं.

..

स्वार्थ सिद्धि के लिए दूसरों को, मुड़ता नहीं.
दीन-दुखियों को, कमजोरों को, घुड़ता नहीं.
जब कभी जरूरत आ पड़ती है वसुधा को;
बिन ढिंढोरा पिटे, योगदान से मुकड़ता नहीं.
कुछ अच्छा काम करने को,
कभी भी झूठ पर अड़ता नहीं;
मैं हूँ अनुरागी विश्व-जनों का,
लस्टम-पश्टम में पड़ता नहीं.

..

दुख में भी हँसता रहता हूँ,
कर्म में लीन रहे मेरा विचार;
पहुंचाता हूँ विश्व जनों को सुख,
सहकर सारे कष्ट-अत्याचार.
मेरे विशुद्ध विचार जगत में,
सदैव फलते-फूलते रहेंगे;
मुख से निःसृत वाणी मेरी,
विश्व-विकास की बातें कहेंगे.
क्योंकि, बुरी बातों के पीछे,
कभी हाथ पसार पड़ता नहीं;
मैं हूँ अनुरागी विश्व-जनों का,
लस्टम-पश्टम में पड़ता नहीं.

°•••••°

73. भारत-कर्मवीर (त्रिभंगी छंद)

भारत-कर्मवीर, बिन हुय अधीर,
चलाते तीर, समता के।
स्थापित करते हैं, जड़ जड़ते हैं,
मग महते हैं, ममता के॥

दिखावै हर कला, हरै हर बला,
नशै जलजला, गुनिया के।
करै जन परित्राण, बांटते ज्ञान,
दिखाते शान, दुनिया के॥

बिनु बहाये लोर, धरा को कोर,
भू ओर छोर, रहते हैं।
बिना भाव विभोर, हिया झकझोर,
मुद पोर-पोर, गहते हैं॥

तंगी होने पर, सहते दुख हर,
हाथ जोड़ कर, नित झुकते।
रहवस्त्र कुतर, होके बेघर,
फैलाके पर, न रूकते॥

निज छाती ताने, गाते गाने,
खुशी बहाने, जहान में।
होते दीवाने, सुन अफसाने,
तप तराने, विरान में॥

..

वीर कर्म माने, विकास ठाने,
बने सयाने, रहते हैं।
सिर्फ धर वीरता, तज अधीरता,
कर्मवीरता, गहते हैं॥

°••••••°

74. दुनिया को सुकर्म से तरना होगा

निज देश की धरती को प्राण देकर,
अपना सर्वस्व बलिदान देकर,
डरे-सहमे लोगों को सम्मान देकर,
समझ हरियाली भरे उद्यान देकर,
मुझे छाती चौड़ी करके उभरना होगा;
पूरी दुनिया सुकर्म से तरना होगा.

भू पे फैले विविध अंधकार में,
अंध सोच समंदर की धार में,
बेकार शक्ति प्रदर्शन हार में,
घृणा घोर के बहते बयार में,
सिर्फ कर्म-अग्नि में मुझे जलना होगा;
पूरी दुनिया सुकर्म से तरना होगा.

दुनिया के अदृश्य दुर्गम पथ में,
निःस्वार्थ धरा अर्पित मनोरथ में,
उजियारा की ओर जानेवाले रथ में,
हंसियाँ-खुशियां बढ़ाने वाले शवथ में,
प्रगति के लिए चढ़कर चलना होगा;
पूरी दुनिया को से तरना होगा.

75. कर दूँ मानव उद्धार

त्याग किया है बहुत कुछ,
क्यूँकि दुनिया को देने अच्छी बाय;
भगवन! कुछ ऐसा दो मुझमें,
कि, जग-जीवन संभल जाय.
तभी होगा जगत में, स्पष्ट सार दर्पण
होगा द्वेष-अनुराग, माया-मोह तर्पण
होगा कलकल छलछल जल जरपन
मेरा सब कुछ सदा है तुझपर अर्पण.

..

भले ही जीवन बुरे दौड़ से गुज़रे
पर, न दूँ सच्चे को गच्चा;
भगवन! मुझे भले ही बूढ़ा बना दे,
पर दिल बनाए रख बच्चा.
जीतने के बावजूद, मुझे मत दे घमंड
हार के बावजूद, मुझे बना दे मार्तण्ड
आचरण-भट्टी में पकाके, बना दे मार्कंड
बनावटी चेहरों से दूर कर, बना दे प्रचंड.

..

चाहे लोग कितना भी बुरा कहे,
पर, इंसानियत कभी न भूलूँ;
भगवन! तू शक्ति दो ऐसा कि
जमीं छोड़े बिन आसमाँ छूलूँ.

निज औकात न भूलूँ, जिंदगी न बने खोटी
कुछ कर ऐसा कि दूँ अभावग्रस्त को रोटी
जिस दिन मेरा मन बहके, करना उसे बोटी
या ख़ुदा! बिन लाग लपेट के, पहुँचूँ मैं चोटी.

..

भले ही जहान बदल जाए,
पर, न बदले जिंदगी तसव्वर;
भगवन! तू ऐसी शक्ति दो कि,
दुनिया को करूँ मुनव्वर।
भले ही जग मुझसे मुंह फेरे,
पर, मैं न मुंह फेरूं
झंझावातों में, आँधियों में,
अपने मन को लहेरूं
हवा में उड़के हवा से बातें कर,
आँखें नहीं तरेरूं
दुख, कष्ट मे रहते हुए भी,
नित नव विचार उकेरूँ.

..

भगवन! दुनिया में मैं रहते हुए,
तारीफ करूँ मसी से;
भले ही दुनिया जले मुझसे,
पर, मैं न जलूँ किसी से.
ताकि कष्ट में होने पर भी,
मैं बदलूँ जग-किस्मत लकीर;
मुझे शक्ति दे दो ऐसी कि,
रहने न दूँ किसी को फ़कीर.

..

या खुदा! किस्मत ऐसी न दो,
जो बदले सिर्फ मेरा तक़दीर;
जरा सीधी नज़रों से तो देख मुझे,
मैं दूँगा सारे कष्ट को चीर.
भले ही हँसने-मुस्काने का वक्त न दो,
पर, तू न होना नाराज़;
इतना शऊर तो दे ही दो कि,
संपन्न कर पाऊँ हर जग-काज.

..

या खुदा! तू कुछ कर ऐसा कि,
सदा पाल पाऊं हसीं ख़्वाब;
आवाज़ उठाऊँ गलत कार्य विरुद्ध,
मुझमें न हो दुराव-छुपाव.
अकिंचनों पर अनाचार होता देख,
दूं उसका मुंहतोड़ जवाब;
हर परिस्थिति में मेरा ख्याल रख,
ताकि जिंदगी न बने असबाब.
इस जहां में आगे बढने के लिए,
मेरी बातों में न हो दुहराव;
कठिन परिस्थितियां आने पे भी,
मैं न छोड़ूँ देश से लगाव.

..

भगवन! भले ही अनुभूति विदके,
पर, मन माने मेरा न हार;
तू मुझपर रहम इतना करना कि,
रच पाऊँ नव संसार.
निंदा-तारीफ से परे होकर,